Marte Meo

Möglichkeiten der alltäglichen Entwicklungsunterstützung

Maria Aarts · Josje Aarts
Andrea Foerster · Heike Bösche

Marte Meo

Möglichkeiten der alltäglichen Entwicklungsunterstützung

Das Praxisbuch für Kita, Krippe und Kindertagespflege

HERDER
FREIBURG · BASEL · WIEN

Videos und Marte Meo
Abonnement Learningset
finden Sie unter
www.martemeo.com

Downloads unter
www.herder.de/extras

Hermann-Herder-Str. 4, 79104 Freiburg

www.herder.de

Bei Fragen zur Produktsicherheit:
produktsicherheit@herder.de

Umschlaggestaltung: Sabine Ufer, Leipzig
Covermotiv und Motive im Innenteil: Annett Jana Berndt, Radebeul;
S. 20, 31 © Glopphy – GettyImages
Layout, Satz & Gestaltung: Sabine Ufer, Leipzig

Herstellung: DZS Grafik, Ljubljana
Printed in Slovenia

ISBN (Print) 978-3-451-39142-2
ISBN EBook (PDF) 978-3-451-82590-3
ISBN EBook (EPUB) 978-3-451-82571-2

Inhalt

Vorwort

MARIA AARTS

Liebe Profis,
im alltäglichen Leben gibt es zahlreiche Möglichkeiten, die Entwicklung von Kindern zu unterstützen und ihnen so ein **„Goldenes Geschenk“** zu machen, von dem sie dann ein ganzes Leben profitieren.

Auch in Ihrem alltäglichen Leben in der Kindertagesbetreuung gibt es diese Möglichkeiten. Ich bin sehr froh, dass viele pädagogische Fachkräfte der Kindertagesbetreuung Marte Meo einsetzen. Fast täglich berichten mir die Fachkräfte, was dies für einen positiven Unterschied im Umgang mit den Kindern, Eltern und Kolleg:innen macht.

In diesem Buch finden Sie praktische Informationen über die Qualitätsverbesserung der Interaktionsmomente im Alltag der Kindertagesbetreuung. Ebenso erfahren Sie, wie man diese entwicklungsunterstützende Information mit den Eltern der Kinder teilen kann.

Marte Meo – eine videobasierte Methode zur Entwicklungsunterstützung und Beratung.
Die Marte Meo relevante Information wird mit Hilfe von differenzierten und sehr genauen Interaktionsanalysen aus kurzen Videoclips alltäglicher Situationen gewonnen. Ziel der Methode ist es, Fachleute und Eltern zu befähigen, unterstützende Interaktions- und Kommunikationsfähigkeiten mit Hilfe der Videobilder wahrzunehmen, Unterstützungsmöglichkeiten zu trainieren und weiterzuentwickeln, um sie dann in alltäglichen Interaktionen bewusst einzusetzen.

Anhand von Videoaufnahmen wird überprüft, ob die Marte Meo Informationen, also die Informationen, die mittels der Marte Meo Methode gewonnen werden, erfolgreich eingesetzt werden. Dies dient ebenso der Qualitätssicherung der Methode.

Im Mittelpunkt der Marte Meo Methode steht die Qualität einzelner Interaktionen. Denn es ist die Qualität der Interaktionen, die die Entwicklung unterstützt und Möglichkeiten für Wachstum und Wohlbefinden schaffen kann. Diese Möglichkeiten nicht zu verpassen, sondern zur Verbesserung der Lebensqualität zu nutzen, das ist das zentrale Anliegen der Marte Meo Methode. Sie stellt Fachkräften und Eltern detaillierte praktische Informationen zur Verfügung, wie sie Kinder bei der Bewältigung ihrer jeweils ganz individuellen Entwicklungsaufgaben unterstützen können.

Ein Interview mit Maria Aarts zur Marte Meo Methode finden Sie hier

SCAN ME

Vorstellung der Autorinnen

MARIA AARTS

Begründerin und Direktorin Marte Meo International, Eindhoven/NL

Wie alles begann

Die entscheidende Wende in meiner beruflichen Entwicklung fand an einem Sonntagnachmittag im Jahr 1976 statt. An diesem Tag besuchte eine Mutter ihren kleinen Sohn in dem kinderpsychiatrischen Heim, in dem ich als Pädagogin arbeitete.

Sie bemerkte, dass ich mit ihrem kleinen Sohn entspannt kommunizieren konnte. Die Mutter fing an zu weinen und sagte: „Wenn du weißt, wie man mit ihm kommunizieren kann, warum bringst du mir das nicht bei? Ich bin seine Mama und er ist mein Sohn!“

Sie sagte noch einen schönen Satz: „Ich habe Zeit genug, genug Motivation und genug Liebe. Das Einzige, was mir fehlt, ist die Informationen, wie ich mein Kind mit Autismus erziehen kann!“ Das war die Inspiration, die ich brauchte, um mich intensiv damit zu beschäftigen, konkrete, verstehbare Informationen zu entwickeln, die in alltäglichen Interaktionsmomenten brauchbar sind.

Seit mehr als 40 Jahren entwickle ich Marte Meo als Methode, die Menschen ermutigen soll, in ihrer eigenen Geschwindigkeit und **aus eigener Kraft** die Möglichkeiten und Chancen zur Entwicklung ihrer persönlichen Potenziale zu nutzen. Daher habe ich mich bei der Entwicklung von Marte Meo stets an den Wachstumsmöglichkeiten von Menschen orientiert. Marte Meo hat sich in den letzten 30 Jahren zu einem weit verzweigten internationalen Netzwerk entwickelt.

JOSJE AARTS

Direktorin Marte Meo International Education, Eindhoven/NL

Als Sonderschulpädagogin gründete ich 2007 Marte Meo International Education. Schon Mitte der 1990er-Jahre machte mir meine Schwester Maria mit aufgenommenen Clips aus meinem Unterricht deutlich, welche unterstützenden Kommunikationsfähigkeiten ich im täglichen Umgang mit den Kindern intuitiv nutzte.

1996 hatten Maria und ich ein großes Projekt in 150 Kindertagesstätten in Dänemark. Mit der Marte Meo Methode konnten wir in alltäglichen Interaktionsmomenten sehr genau analysieren, welche sozial-emotionalen Schulfähigkeiten die Kinder schon entwickelt hatten und für welche sie noch Unterstützung brauchten. Das war der Anfang der Entwicklung der „Marte Meo Checkliste Schulfähigkeiten“. In unserer Arbeit haben wir jedoch auch bemerkt, dass es wichtig ist, ebenso die Eltern der Kinder mit einzubeziehen. Dadurch entstand das „Marte Meo Elterneinladungsprogramm“, in dem wir mit den Eltern nicht die Probleme des Kindes teilen, sondern die spezielle Entwicklungsunterstützung in seiner Entwicklung. Nach und nach wurde uns klar, dass Eltern diese Informationen schon viel früher haben sollten. Darum habe ich mit der Marte Meo Ausbildung von Profis begonnen, die mit Familien und ihren Kindern von 0–6 Jahren arbeiten.

ANDREA FOERSTER

Licensed Marte Meo Supervisorin

Meine erste Begegnung mit Marte Meo fand im Jahr 2003 auf einem Systemischen Kongress in Berlin statt, bei dem Maria Aarts einen Vortrag hielt, um ihre Arbeit mit Marte Meo vorzustellen. Dieser Vortrag hat von Beginn an mein Interesse geweckt und mich neugierig gemacht, noch mehr über diese Methode zu erfahren.

Ich war zu diesem Zeitpunkt Fachberaterin für Kindertageseinrichtungen mit langjähriger Vorerfahrung als Kita-Leitung. Zudem war ich als Systemische Supervisorin und Fortbildnerin in Einrichtungen der Kindertagesbetreuung und der ambulanten Erziehungshilfe tätig. Dadurch war ich mit dem Bereich der frühkindlichen Bildung und Erziehung sehr verbunden, so dass mich meine Arbeit regelmäßig zu Beratungen in diese Einrichtungen führte.

Neben den vielen konzeptionellen Themen standen insbesondere Fragestellungen zum Verhalten einzelner Kinder häufig im Fokus. Marte Meo war eine große Unterstützung, kindliches Verhalten zu verstehen, und die Interaktion der Bezugspersonen entsprechend anzupassen.

In meinen Weiterbildungen und Beratungen beeindruckt mich immer wieder die Reflexionsbereitschaft der teilnehmenden Personen und deren Wunsch nach bestmöglicher Unterstützung für ein Kind mit Marte Meo.

HEIKE BÖSCHE

Licensed Marte Meo Supervisorin

Ein wesentlicher Bestandteil meines Berufsalltags als Kinderkrankenschwester in der Kinder- und Jugendarztpraxis meines Mannes war die Beratung der Eltern. Schon während meiner fast zehnjährigen Arbeit auf einer Kinderherzstation war es mir ein großes Anliegen, den Eltern von Anfang an praktische Informationen im alltäglichen Umgang mit ihren meist schwerkranken Kindern zu geben. Es ist unbestritten, dass die Eltern einen wichtigen Teil im Genesungsprozess der Kinder darstellen.

Die Leichtigkeit und Logik der Marte Meo Methode begeisterten mich von Anfang an. Die ebenso präzise und tiefgründige Verknüpfung der Unterstützungs- und Entwicklungsinformation mit dem Videobild und die positive emotionale Anknüpfung an die zu beratende Person sprachen mich gleich an und optimierten meine Elternberatungstätigkeit. Aufmerksam geworden durch Eltern, die von Marte Meo berichteten, dauerte es nicht lange, und auch Einrichtungen der Kindertagesbetreuung zeigten Interesse an Marte Meo.

Die Bedingungen und Möglichkeiten, in denen Kinder aufwachsen, waren und sind schon immer höchst unterschiedlich. Um die bestmögliche Entwicklungsunterstützung für das Kind zu gewährleisten, ist es aus meiner Sicht notwendig, neben dem familiären Kreis des Kindes auch das pädagogische Umfeld miteinzubeziehen, um so gemeinsam für das Kind optimal sorgen zu können.

Meine Erfahrung zeigt, dass pädagogische Fachkräfte die Möglichkeit, mit Marte Meo einen anderen Blick auf ihren Arbeitsalltag zu richten, sehr gerne annehmen. Ebenso schätzen sie das *Marte Meo Elterneinladungsprogramm* als konstruktive Möglichkeit, eine Erziehungspartnerschaft mit den Eltern in guter Atmosphäre zu gestalten.

Das Goldene Geschenk

Die Qualität der Interaktionen unterstützt die Entwicklung und schafft Möglichkeiten für Wachstum und Wohlbefinden. Diese Möglichkeiten nicht zu verpassen, sondern zur Verbesserung der Lebensqualität zu nutzen, das ist das zentrale Anliegen der Marte Meo Methode.

Maria Aarts

1. Die Marte Meo Methode

MARIA AARTS

1.1 Marte Meo – aus eigener Kraft

Der Begriff „Marte Meo“ *(lat.: „aus eigener Kraft“)* beschreibt das zentrale Anliegen des Programms: Fähigkeiten aufzuzeigen, zu aktivieren und zu entwickeln, die zu konstruktiver Interaktion und Entwicklung beitragen. Das Ziel von Marte Meo ist es, Menschen zu ermutigen, ihre eigene Kraft zu nutzen, um Entwicklungsprozesse voranzubringen und anzuregen. Auf diese Weise können sie Fähigkeiten entwickeln, die es ihnen ermöglichen, ihre Lebensqualität zu verbessern.

Eine Methode zur Entwicklungsunterstützung im Alltag

Marte Meo ist eine Methode zur Entwicklungsunterstützung. Sie vermittelt praktische Kenntnisse mit Hilfe von Videoaufnahmen von Alltagsinteraktionen. Mit Marte Meo lernen Menschen, Möglichkeiten zu sehen, um Entwicklungsprozesse im Alltag anzuregen und zu unterstützen.

Lernen vom natürlichen Entwicklungsmodell

Grundlage der Methode ist das genaue Beobachten und Analysieren von Interaktionsmomenten im Alltag. Professionell und mit Hilfe von Videointeraktionsanalysen habe ich damit Anfang der 1980er-Jahre begonnen. Meine Mutter würde jedoch sagen, dass ich bereits mit 4 Jahren mit der genauen Beobachtung von Menschen begonnen habe. Sie hat noch versucht, mir dies abzugewöhnen, weil sie es unhöflich fand, dass ich die Menschen immer „angestarrt“ habe. Aber ich konnte nicht damit aufhören. Ich fand es einfach zu interessant, zu beobachten, was zwischen Menschen geschieht und wie unterschiedlich dies ist. Glücklicherweise hat meine Mutter noch mitbekommen, was mir das gebracht hat. Sie begleitete mich 1993 zum Abschluss eines dreijährigen Projektes in Trondheim/Norwegen. Die fünf Berufsgruppen, die ich dort trainiert habe, präsentierten auf der Bühne, was sie von mir gelernt hatten: das genaue Beobachten mit dem Fokus auf das Erkennen von Möglichkeiten in komplizierten Situationen. Zurück im Taxi zum Hotel sagte meine Mutter zu mir: „Maria, das war aber klug von dir, wenn du nicht mit dem Gucken aufhören konntest, deinen Beruf daraus zu machen!“

Scheinbare Einfachheit

Regelmäßig sprechen mich Menschen darauf an, dass die Basisinformationen der Marte Meo Methode auf den ersten Blick so einfach wirken, dass sie aber bei ihrer Anwendung in der Arbeit eine so große Wirkung entfalten. Dann erkläre ich den Menschen, dass dies ein Resultat von jahrelanger intensiver Beobachtung ist. Ich habe sehr hart daran gearbeitet, um es so einfach aussehen zu lassen. Mit viel Ausdauer und Fokussierung habe ich all die Jahre geübt, geübt und geübt und dabei immer auf die Feinheiten und Details in den alltäglichen Interaktionsmomenten geachtet. Durch die Arbeit mit zahlreichen Familien, in so vielen unterschiedlichen Kulturen und Berufsgruppen hatte ich die Gelegenheit, immer wieder detailliert zu analysieren, was genau in den Interaktionen geschieht. Zu Beginn der Arbeit mit einer neuen Berufsgruppe, in einem neuen Land und einer neuen Kultur habe ich mich immer erst mit der Analyse von gut funktionierenden Interaktionen beschäftigt. Das hat mir einen Rahmen gegeben, in dem ich entdecken konnte, welche unterstützenden Kommunikationsfähigkeiten noch nicht ausreichend entwickelt waren, wenn es Probleme gab.

Natürlicher Entwicklungsprozess

Im natürlichen Entwicklungsprozess ist es entscheidend, den ***Entwicklungsinitiativen*** des Kindes zu ***folgen***. Um einen unterbrochenen **Entwicklungsprozess zu reaktivieren,** ist es deshalb von enormer Wichtigkeit, jede Entwicklungsinitiative des Kindes, der Familie, einer Fachkraft oder einer anderen Person wahrzunehmen und darauf aufbauend den natürlichen Entwicklungsprozess wiederherzustellen. Da ich die Informationen zum jeweiligen Entwicklungsstand aus Beobachtungen im Alltag gewonnen habe, ist die Anwendung der Marte Meo Informationen so passend für die Verbesserung der Qualität von Interaktionen im Alltag. Alle Programme können genutzt werden, um Handlungsmuster im Alltag zu verändern. Meiner Meinung nach finden Veränderungen vor allem im praktischen Handeln und nicht nur im Kopf allein statt.

Entwicklungsorientiert arbeiten

Die Marte Meo Entwicklungschecklisten sind hilfreich, um Entwicklungsbotschaften hinter auffälligem Verhalten zu lesen. Sie liefern detaillierte und konkrete Informationen darüber, wie kleine praktische Schritte in der Entwicklungsunterstützung im Alltag aussehen können.

Probleme sind Entwicklungs- und Wachstumsmöglichkeiten

Probleme, die uns im Leben begegnen, stellen oft auch eine Möglichkeit zu Wachstum und Weiterentwicklung dar. Häufig sehen wir sie nur als Schwierigkeiten an und übersehen dabei die damit verbundene Möglichkeit, neue Fähigkeiten zu erlernen. An Problemen erkennen wir, welche Fähigkeiten Menschen noch nicht ausreichend entwickelt haben, um mit ihrem eigenen Leben zurechtzukommen. So führt auch die Meisterung von Problemen zu mehr Wachstum und zur **Verwandlung von Problemen in Möglichkeiten,** die die Lebensqualität verbessern. Ich bin fest davon überzeugt, dass die meisten Menschen und Familien über das Potenzial verfügen, ihre eigenen Probleme zu lösen und ihren eigenen Entwicklungsprozess zu gestalten. Marte Meo Profis werden darin ausgebildet, mit Hilfe der Marte Meo Entwicklungschecklisten Menschen darin zu unterstützen, Wachstumsmöglichkeiten zu nutzen und den natürlichen Entwicklungsprozess zu reaktivieren. Die hierfür benötigten Informationen werden mit Videoaufnahmen aus eigenen Alltagssituationen in einem Review vermittelt.

Exkurs

Curling-Eltern

Es ist gut gemeint von Eltern, die Probleme ihres Kindes zu lösen. Aber ich sage den Eltern immer: „Es ist lieb gemeint, aber man nimmt dem Kind nicht allein seine Probleme weg, man nimmt dem Kind auch die Gelegenheit weg, mit alltäglichen Problemen umzugehen! So nimmt man einem Kind die Möglichkeit, eigene Lösungsmodelle im Alltag zu entwickeln." In Skandinavien werden diese Eltern „Curling-Eltern" genannt. Beim Mannschaftssport Curling sind zwei Spieler damit beschäftigt, ständig die Eisoberfläche vor dem Curlingstein zu wischen, um ihn schneller und weiter gleiten zu lassen und alle Hindernisse auf seinem Weg zu beseitigen. Auf diese Weise gelangt der Stein sanft zum „Haus" (dem Ziel). Genau dies tun Eltern, wenn sie ihren Kindern ein einfaches Leben ermöglichen wollen! Gerald Hüther, Professor für Neurobiologie, sagte dazu anlässlich unseres gemeinsamen Fachtags 2008 in Hanau: „Kinder brauchen kein einfaches, sondern ein schwieriges Leben, so dass sie zu starken Persönlichkeiten heranwachsen können!"

Videointeraktionsanalysen

Videointeraktionsanalysen werden als Werkzeug benutzt, um diese Informationen passgenau und Schritt für Schritt zu vermitteln. Ein großer Teil des Trainings von Marte Meo Professionals ist ein spezifisches Kommunikationstraining (siehe die „Marte Meo Checkliste *Review*"), das darauf abzielt, Menschen in „Entwicklungsstimmung" zu bringen. Denn: Marte Meo Zeit ist Entwicklungszeit!

1.2 Die Marte Meo Begriffe

Die Marte Meo Begriffe sind aus meiner langjährigen Beobachtung gut funktionierender Interaktionsmomente zwischen unterschiedlichen Menschen in unterschiedlichen Systemen auf Kommunikations- und Entwicklungsebene entstanden. Die Marte Meo Begriffe werden in der therapeutischen Arbeit, der Beratung, in Reviews, der Ausbildung, in Präsentationen, Supervisionen, in Artikeln und in Büchern genutzt. Zum besseren Verständnis und zur angemessenen Nutzung werden hier die einzelnen Marte Meo Begriffe vorgestellt und näher beschrieben.

AUFMERKSAM WARTEN

heißt, mit Interesse und voller Aufmerksamkeit Raum und Zeit geben, um Initiativen entstehen zu lassen.

INITIATIVEN

sind verbale und nonverbale Handlungsimpulse wie zum Beispiel Aktionen, Emotionen, aber auch ein Blick, ein Ton oder eine Bewegung.

DER INITIATIVE FOLGEN

bedeutet, die Initiative eines anderen wahrzunehmen und in angemessenem Tempo zu folgen.

BENENNEN

bedeutet, auf

- Handlungsebene,
- Informationsebene und
- emotionaler Ebene

„Wörter zu geben“: **„Er tut – du sagst“**

TAKING TURNS – SICH ABWECHSELN

bedeutet, die Kommunikation so zu strukturieren, dass beide Beteiligte einbezogen und *nicht* gleichzeitig aktiv sind. Sich in der Kommunikation abzuwechseln, ist die Grundlage jeden Dialogs und jeder gelingenden Interaktion. Abhängig vom Verhalten des Gegenübers braucht es Signale, die zur Zurückhaltung auffordern oder durch gezielte Unterstützung einladen, in die nonverbale Interaktion hineinzukommen.

BESTÄTIGEN / NUANCIERTES FEEDBACK

meint, das Tun einer Person durch explizites ***Benennen*** als erwünschtes Verhalten zu bestärken. Die Person erhält die Botschaft, dass dieses Verhalten passend ist.

LINKING UP / ANSCHLUSS / VERBINDUNG HERSTELLEN

bedeutet, Gelegenheiten zur Verbindung zu schaffen durch das ***Hervorheben*** (***groß machen***) ***sozialer Informationen***, die noch nicht wahrgenommen werden, das heißt, sozial darauf aufmerksam zu machen. Linking up ist eine Einladung, eine soziale Verbindung mit der Umgebung herzustellen.

POSITIV LEITEN

- ***Anschluss/Verbindung herstellen***
- vorhersagbar sein (die Leitung übernehmen und vor einem Aktionsmoment ***benennen***, was man im nächsten Moment vorhat oder tun wird)
- einen klaren Anfang machen
- vor dem Aktionsmoment der Person sagen, wie man es haben möchte (also ganz konkret formulieren, was die Person im nächsten Moment tun kann)
- ***bestätigen*** der gewünschten Initiativen
- Schritt für Schritt anleiten
- regelmäßig Verbindungsmomente einbauen
- für ein klares Ende sorgen

Die folgenden Begriffe werden insbesondere zur Vermittlung der Marte Meo Informationen benutzt:

Marte Meo Review

Das „Review" ist die Form der Beratung in der Marte Meo Methode. Dabei werden zur Fragestellung zuvor ausgesuchte Filmsequenzen gezeigt und mit einer entwicklungsunterstützenden Information verknüpft.

Marte Meo Checkliste Review

Die Marte Meo Checkliste *Review* ist eine Checkliste, die den Marte Meo Berater unterstützt, die Vermittlung der passgenauen Videosequenzen auf Informations- und Kommunikationsebene zu strukturieren und den zu Beratenden in „Entwicklungsstimmung" zu bringen.

Coffee, cookies and the dog

Emotionaler Anschluss und eine gute Atmosphäre sind Grundvoraussetzungen für ein gelingendes Review. Gleich zu Anfang der Sitzung kann man über alltägliche Dinge der Reviewpartner sprechen: über den Kaffee, den Keks oder den Hund.

In die Bilder sprechen

heißt, dass Bild und Information zusammenpassen, also die gegebene Information gleichzeitig auf dem Bild sichtbar ist.

Das Marte Meo 3-W-Beratungssystem

ist das Beratungswerkzeug der Marte Meo Methode, das als Leitgedanke im Review benutzt wird. Die 3 Ws führen zu konkreter und effektiver Beratung.

Wann: In diesem Moment
Was: Was kann man tun?
Wozu: Information zur Entwicklungsunterstützung

Die Entwicklungsbotschaft hinter dem auffälligen Verhalten lesen

In Marte Meo gehen wir davon aus, dass hinter jedem auffälligen Verhalten eine Entwicklungsbotschaft steckt. Welche Entwicklungsunterstützung benötigt diese Person, um ein angemessenes Verhalten zu zeigen?

Ein Beispiel: Wenn ein Kind ein anderes Kind schlägt, versuchen wir nicht, in erster Linie sein Problemverhalten zu ändern, sondern wir filmen dieses Kind zusammen mit anderen Kindern in einer Spielsituation und diagnostizieren mit Hilfe der Marte Meo Entwicklungscheckliste *Spielfähigkeiten*, in welchen Entwicklungsbereichen das Kind noch Unterstützung benötigt, um in einer positiven Weise mit anderen Kindern zusammen spielen zu können.

Aktivieren statt kompensieren

Auch auf internationaler Ebene sehe ich immer wieder, dass ein großes Risiko für die Entwicklung der Selbstständigkeit des Kindes darin besteht, wenn die Fachkraft das Problem des Kindes kompensiert, statt die kindliche Entwicklung zu aktivieren.

Ich erinnere mich an einen Clip aus Oslo in den 1990er-Jahren. Es war ein Kind zu sehen, das große Schwierigkeiten hatte, bei der gestellten Aufgabe zu bleiben. Die damalige Lösung war eine 1:1-Betreuung durch eine Fachkraft. Es war deutlich zu erkennen, dass die Fachkraft sehr bemüht war, das Kind daran zu hindern, die Aufgabe zu verlassen und wegzulaufen. Schon meine damalige Marte Meo Information lautete, die Fachkraft zu trainieren, das Kind zu unterstützen, sich selbst zu motivieren, die Aufgabe fortzusetzen.

Die Marte Meo Entwicklungschecklisten

sind Analyse- und Diagnosewerkzeuge für Marte Meo Supervisoren und Marte Meo Fachberater. Mit ihrer Hilfe wird anhand von ausgewählten Videosequenzen aus alltäglichen Situationen eine Marte Meo Entwicklungsdiagnose erstellt.

Die Marte Meo Entwicklungsdiagnose im Alltag

gibt Auskunft darüber, welche Fähigkeiten und Kompetenzen aktuell schon entwickelt sind. Sie hilft ebenso wahrzunehmen, in welchen ganz konkreten Situationen im Alltag Entwicklungsgelegenheiten genutzt werden können, um einen nächsten Entwicklungsschritt anzustoßen und den Entwicklungsprozess zu reaktivieren.

Marte Meo entwicklungsorientierte Beobachtungschecklisten

Diese Checklisten geben den Fachkräften direkt im Kita-Alltag die Möglichkeit, Kinder sowohl in freien als auch in strukturierten Situationen entwicklungsorientiert zu beobachten.

„Goldminen"

Damit sind die individuellen Entwicklungspotenziale, Interessen und Talente eines jeden Menschen gemeint. Sie zeigen sich in den spontanen Initiativen. Wenn wir diese unterstützen, können sie sich mehr entfalten.

Happ Happ-Momente

In Holland heißt es „Happ Happ", wenn man einen Löffel mit Essen zu sich nimmt. Wie das Essen vom Löffel, sollte man oft und regelmäßig „gute emotionale Momente und Komplimente essen!" Eltern, Angehörige und Fachleute geben oft sehr viel von sich selbst und lassen ihre Energie in die Arbeit fließen. Darum: „Nicht vergessen, schöne Momente essen!" Wenn Ihnen beispielsweise in Alltagssituationen jemand zeigt: „Ich genieße deine Hilfe", dann können Sie sich mit dieser Bemerkung selbst emotional füttern und es wie „herrliches Essen in den Bauch sinken lassen". Dieses bewusste Erfahren der eigenen Kompetenz erfüllt das Herz.

Das Marte Meo Elterneinladungsprogramm

Die meisten Eltern wollen nur das Beste für ihr Kind. Ich verstand schnell, dass Kinder die besten Chancen in ihrem Leben haben, wenn wir mit ihren Eltern die Informationen darüber teilen, wie sie ihre Kinder bestmöglich unterstützen können. In der intensiven und langjährigen Zusammenarbeit mit Eltern habe ich die Erfahrung gemacht, dass Mütter, Väter und andere Bezugspersonen vor allem verstehbare und praktische Informationen dazu benötigen. Daraus entstand das „Marte Meo Elterneinladungsprogramm".

Dies bedeutet: Wenn Profis die Marte Meo Information in ihrem Arbeitsalltag einsetzen, teilen sie diese entwicklungsunterstützende Information mit „allen Menschen rund um das Kind", die an der kindlichen Entwicklung beteiligt sind. Wir nennen das den „Zirkel der Liebe".

1.3 Die Marte Meo Poster

Die Marte Meo Poster bieten Inspiration für den Kita-Alltag. Sie sollen **informieren, erinnern und ermutigen,** ein bestimmtes Verhalten im Alltag einzusetzen. Sie eignen sich darüber hinaus auch als „Wochenmotto" für die Kita[1] oder als Thema für den Elternabend.

Alle Poster finden Sie
zum Download unter
www.herder.de/extras

1 Wenn wir von Kita sprechen, ist immer jede Form der Kindertagesbetreuung gemeint, also auch Krippe, Kindergarten und Kindertagespflege.

To Do-Poster

Starke Kinder – Resilienz

Entwicklung aktivieren statt Probleme kompensieren

„Schwierigkeiten sind Möglichkeiten, sich weiterzuentwickeln"

Sprachentwicklungsunterstützung im Alltag 1: **freie Situationen**

Handlung und Information benennen

Wenn das Kind etwas tut, also eine Initiative hat, gib dem Kind die passenden Wörter dazu.

„Er tut – du sagst“

Das Kind nimmt ein Auto und du kannst sagen: „Ah, du nimmst das Auto.“

Gefühle benennen

Wenn das Kind ein Gefühl zeigt, aber dieses noch nicht benennen kann, gib ihm die Wörter dazu.
Wenn das Kind ein zufriedenes Gesicht zeigt, kannst du sagen: „Ah, du bist zufrieden.“
Wenn das Kind enttäuscht ist, kannst du sagen: Ah, jetzt bist du enttäuscht.“

Wiederholen von Worten

Wenn ein Kind zu sprechen beginnt, wiederhole die gesagten Wörter. Wiederhole erst, was das Kind sagt, statt gleich Fragen zu stellen!

Dem Interesse und der Blickrichtung des Kindes folgen und Wörter dazu geben

Das Kind sieht einen Vogel. Du kannst sagen: „Ah, du siehst den Vogel.“

Abstrakte Begriffe mit Wörtern passend zur Handlung/Initiative „verstehbar und sichtbar“ machen

hoch – tief
oben – unten
vorne – hinten
Dies ist sowohl in freien als auch strukturierten Situationen möglich.

Sich abwechseln

Gehe auf ein Thema ein, mit dem das Kind angefangen hat und woran es Interesse zeigt, und vertiefe es.
Das Kind sagt: „Anne, ich kenne den Vogel, eine Amsel.“
Die Fachkraft kann daran anschließen und sagen:
„Ah eine Amsel, ja, ich sehe sie.
Du kennst schon ihren Namen.“

Linking up

Benenne die soziale Information, die nicht wahrgenommen wird. Dies schafft Gelegenheiten, eine Verbindung zwischen zwei oder mehreren Kindern herzustellen. Dies ist eine Einladung zur Kontaktaufnahme mit der sozialen Umgebung und sowohl in freien als auch strukturierten Situationen möglich.

Sprachentwicklungsunterstützung im Alltag 2: **strukturierte Situationen**

Vorhersagbar sein

Bevor man aktiv wird und eine Handlung beginnt, sollte man dem Kind sagen, was man vorhat.

Vor dem Aktionsmoment sagen, was man vorhat, z.B.:

Ich hebe dich hoch …

Ich mache …

Ich setze dich …

Ich hole …

Positiv Leiten

Informieren statt korrigieren:
„Tu das“ statt „lass das“

Sagen, was das Kind im nächsten Moment tun kann:
„Du kannst das hier hinstellen.“

Kooperation: Ich und Du

Benennen, was man selbst tut, und was das Kind im nächsten Moment tun kann.

Bestätigen der passenden Initiative, des erwünschten Verhaltens

„Ah, du hast eine Lösung gefunden und die Teller in das passende Regal gestellt.“

Abstrakte Begriffe mit Wörtern passend zur Handlung/Initiative „verstehbar und sichtbar“ machen

hoch – tief
oben – unten
vorne – hinten

Dies ist sowohl in freien als auch strukturierten Situationen möglich.

Marte Meo unterstützende Kommunikationselemente
im Alltag 1:

In freien Situationen aufmerksam warten

Mache ein einladendes/ freundliches Gesicht

Mache einladende Töne

Warte aufmerksam, gib dem Kind Zeit

Folge der Initiative des Kindes, gib ihm Zeit

Benenne, was das Kind tut, gib ihm Wörter zu seinen Initiativen

To Do-Poster

Marte Meo unterstützende Kommunikationselemente im Alltag 2:

In strukturierten Situationen Positiv Leiten

1

Einen klaren Anfang setzen und Anschluss herstellen, um in Kontakt zu kommen

2

Vorhersagbar sein

Vor dem Aktionsmoment sagen, was man als nächstes tun wird:
Erst sagen, dann tun

- Benennen, was man selbst tut
- Benennen, was das Kind tun kann

3

Schritt für Schritt-Anleitung ermöglicht es dem Kind, strukturierte Handlungsabläufe und somit passende Modelle zu erlernen

- Anschluss halten
- Zeit geben, um aktiv sein und mitmachen zu können

4

Das erwünschte Verhalten des Kindes bestätigen und nuanciertes Feedback geben

Auf die Fähigkeiten des Kindes eingehen und somit die Entwicklung des kindlichen Selbstbewusstseins und dessen Selbstwirksamkeit unterstützen

5

Ein klares Ende setzen

- Jede strukturierte Situation braucht ein klar benanntes Ende
- Benennen, was das Kind tun kann

6

Erfolg gemeinsam feiern

Erfolge zu feiern, bietet die Chance auf eine kurze Erholung und setzt Energie für die nächsten Aufgaben frei

To Do-Poster

Aufmerksam warten

mit Interesse und voller Aufmerksamkeit Raum und Zeit geben, um Initiativen entstehen zu lassen

Der Initiative folgen

die Initiative eines anderen wahrnehmen und in angemessenem Tempo folgen

Benennen: Er tut – du sagst

auf Handlungs-, Informations- und emotionaler Ebene „Wörter geben“

Bestätigend benennen: Eine Bestätigung endet mit einem Punkt, nicht mit einem Fragezeichen!

To Do-Poster

Happy Happ Nicht vergessen: schöne Momente essen

Wie das Essen vom Löffel, sollte man oft und regelmäßig „gute emotionale Momente essen!“
Dieses bewusste Erfahren der eigenen Kompetenz erfüllt das Herz.

Positiv Leiten

Informieren statt korrigieren: „Tu das“ statt „lass das“

Sagen, was das Kind im nächsten Moment tun kann.

- Anschluss/Verbindung herstellen
- vorhersagbar sein (die Leitung übernehmen und vor einem Aktionsmoment benennen, was man im nächsten Moment vorhat oder tun wird)
- einen klaren Anfang machen
- vor dem Aktionsmoment der Person sagen, wie man es haben möchte (also ganz konkret formulieren, was die Person im nächsten Moment tun kann)
- bestätigen der gewünschten Initiativen
- Schritt für Schritt anleiten
- regelmäßig Verbindungsmomente einbauen
- für ein klares Ende sorgen

Vorhersagbar sein

Vor dem Aktionsmoment sagen, was man vorhat

To Do-Poster

Schritt für Schritt anleiten

Linking up – das verbale Hervorheben der sozialen Information, die nicht wahrgenommen wird

Mit einer Goldmine geboren

Alle Kinder werden mit einer „Goldmine“ geboren. Mit Goldmine ist das Entwicklungspotenzial gemeint, das jedes Kind von Natur aus mitbringt. Es kann sich nur mit Hilfe von Erwachsenen entfalten, die die Initiativen der Kinder wahrnehmen und entwicklungsgerecht unterstützen.

Josje Aarts

2. Marte Meo in der Kindertagesbetreuung

JOSJE AARTS

2.1 Die Möglichkeiten von Marte Meo für den Kita-Alltag

Das Goldene Geschenk

Es ist mir ein großes Anliegen, Ihnen deutlich bewusst zu machen, wie wichtig Sie als Person für das Leben jedes einzelnen Kindes und dessen Familie sind. Es gibt täglich zahlreiche Möglichkeiten in Ihrem Alltag, den Kindern ein „Goldenes Geschenk“ zu geben. Für die Kinder sind Kita-Mitarbeiter:innen mehr als pädagogische Fachkräfte, die für Bildung, Erziehung und Betreuung zuständig sind. Der Faktor Zeit spielt im Kita-Alltag immer eine Rolle. Gerade hier ist Marte Meo ein brauchbares Handwerkszeug, da es in alltägliche Interaktionsmomente eingebaut werden kann. Marte Meo braucht keine extra Zeit, sondern ermöglicht spezielle Entwicklungsunterstützung in alltäglich schon vorhandenen Handlungsmomenten.

Die Kita bietet gerade Kindern, die noch nicht die Gelegenheit hatten, bestmögliche Entwicklungsunterstützung zu erhalten, tagtäglich Möglichkeiten für das „Goldene Geschenk.“

Goldmine

Alle Kinder werden mit einer „Goldmine“ geboren. Mit Goldmine ist das Entwicklungspotenzial gemeint, das jedes Kind von Natur aus mitbringt. Dieses Entwicklungspotenzial kann sich nur mit Hilfe von Erwachsenen entfalten, die die Initiativen der Kinder wahrnehmen und entwicklungsgerecht unterstützen.

Hinter jeder Initiative eines Kindes steckt ein „Energiestrom“. Wenn das Kind bereit ist für Entwicklung, lernt es am meisten. In erster Linie möchte ich für den Alltag brauchbare und sofort umsetzbare Marte Meo Informationen weitergeben. Marte Meo ist kein theoretisches Programm, sondern vermittelt ganz konkret und praktisch, wie Entwicklung in alltäglichen Arbeitssituationen unterstützt werden kann.

Jeder **Unterstützungsmoment** ist ein **Entwicklungsmoment**. Schon bei der Anwendung einmal pro Tag profitiert das Kind davon.

Marte Meo Learning Sets – nutzbar im Kita-Alltag

Das „Marte Meo Learning Set für Eltern „Zirkel der Liebe – Goldene Geschenke an Kinder" bietet auch für pädagogische Fachkräfte hilfreiche Informationen zur Beziehungsgestaltung und Entwicklungsunterstützung im Alltag. Ebenso kann es hilfreiche Anregungen zur Zusammenarbeit mit Eltern und für die Gestaltung von Elternabenden geben.

Die „Marte Meo Learning Sets" werden nach und nach auf www.martemeo.com veröffentlicht.[2]

2.2 Die „Entwicklungsbotschaft hinter dem auffälligen Verhalten" lesen

Schon in der Kita sind Kinder mit speziellen Bedürfnissen mit unterschiedlichen Ursachen anzutreffen. Dies sind zum Beispiel Kinder mit Entwicklungsverzögerungen bis hin zu Entwicklungsstörungen und Behinderung. Aber auch Kinder mit auffälligem Verhalten, die z. B. nicht mit anderen Kindern zusammenspielen können, die unkonzentriert und unruhig sind oder schüchtern, ängstlich und unsicher.

Wenn wir bei diesen Kindern die „Entwicklungsbotschaft hinter dem auffälligen Verhalten" lesen, anstatt uns auf die Probleme oder das negative Verhalten zu konzentrieren, können wir entwicklungsorientiert arbeiten und uns anschauen, welche Möglichkeiten zur Unterstützung der Entwicklung dieser Fähigkeiten das Kind braucht.

Ein Beispiel: Wenn ein Kind ein anderes Kind schlägt, versuchen wir nicht in erster Linie sein Problemverhalten zu ändern, sondern wir filmen dieses Kind zusammen mit anderen Kindern in einer Spielsituation und diagnostizieren mit Hilfe der „Marte Meo Entwicklungscheckliste Spielfähigkeiten", in welchen Entwicklungsbereichen das Kind noch Unterstützung benötigt, um in angemessener Art mit anderen Kindern zusammenspielen zu können.

2.3 Das Marte Meo Elterneinladungsprogramm

Mit Hilfe des „Marte Meo Elterneinladungsprogramms" können konkrete Informationen über extra Unterstützungsmöglichkeiten vermittelt werden, die für die Eltern auch zu Hause anwendbar sind. Die Zusammenarbeit der Kita mit den Eltern bzw. Bezugspersonen, „Erziehungspartnerschaft" genannt, wird immer wichtiger. Das Marte Meo Elterneinladungsprogramm lädt die Eltern der Kinder in Kitas, Schulen oder Einrichtungen ein, um die Marte Meo Information über Entwicklungsunterstützung mit ihnen zu teilen. Es werden nicht die Probleme des Kindes, sondern die speziellen Entwicklungsunterstützungs-Möglichkeiten, die dieses Kind braucht, um seinen nächsten Entwicklungsschritt

2 Das „Marte Meo-Learning Set – Marte Meo Methode im Kita-Alltag" ist in Vorbereitung.

zu machen, angesehen und besprochen. Dies geschieht mit Hilfe kleiner Videoclips, die in der Marte Meo Arbeit der Einrichtung entstanden sind. Die Vermittlung der Marte Meo Information ist sehr konkret, verstehbar und anwendbar. Ein Beispiel: „Der nächste Entwicklungsschritt Ihres Kindes ist, dass es Wörter, die mit seinen Initiativen zusammenhängen, entwickelt. In dem Moment, in dem es nicht sagt, was es tut, geben wir ihm die passenden Wörter. So geben wir ihm die Gelegenheit, die Wörter zu seinen Initiativen kennenzulernen und zu benutzen. Dieser Entwicklungsschritt ist wichtig für das Kind, um die Fähigkeit der ‚sozialen Einladung' zu entwickeln. Das bedeutet, dass Ihr Kind auch für andere Kinder interessant ist."

Aus Erfahrung wissen wir, dass die meisten Eltern gleich fragen: „Können wir das zu Hause auch machen?" Nun nutzen wir diese Gelegenheit und antworten: „Wenn Sie mitmachen, hat Ihr Kind die besten Chancen."

Einige Zeit später bekommen die Eltern die Gelegenheit, einen eigenen Clip à 3 Minuten mitzubringen und diesen in einem kurzen Review von maximal 5–10 Minuten gemeinsam mit dem Marte Meo Fachberater oder Marte Meo Therapeuten ohne großen terminlichen Aufwand anzusehen. Diese Vorgehensweise wiederholt sich 1–3 Mal.

Exkurs

Das Marte Meo Elterneinladungsprogramm
Besonders für Kinder, die spezielle Entwicklungsunterstützung brauchen, ist es wichtig mit den Eltern zusammenzuarbeiten. Das Marte Meo Elterneinladungsprogramm bietet dem Marte Meo Fachberater/Marte Meo Supervisor die Möglichkeit, die Marte Meo Informationen, die mit dem Team geteilt werden, auch mit den Eltern in einer kurzen 5- bis 10-minütigen Sitzung zu teilen.

2.4 Elternabende mit Marte Meo

Mit Hilfe der Marte Meo Methode lassen sich unterschiedlichste pädagogische Themen auf einfache Art und Weise an Kita-Elternabenden vermitteln. Kleine Videoclips werden von einem Marte Meo Fachberater, Marte Meo Therapeuten oder Marte Meo Supervisor präsentiert. Diese Art der Informationsvermittlung ist lebendig, vielseitig, eindrucksvoll, amüsant und vor allen Dingen nachhaltig. Die positiven Rückmeldungen sprechen für sich. Marte Meo Fachleute, die sogenannte „Marte Meo Elternabende" anbieten, berichten, dass die teilnehmenden Eltern mit neuen Ideen zur Entwicklungsunterstützung ihrer Kinder nach Hause gehen und sehr häufig rückmelden: „Es hat richtig Spaß gemacht, und nun habe ich auch verstanden, mit welcher Methode Sie arbeiten."

Orientierung für die Beobachtung

Mit Hilfe der Marte Meo Entwicklungs-checklisten lässt sich erkennen, was ein Kind schon entwickelt hat und wo das Kind Entwicklungsunterstützung von den pädagogischen Fachkräften benötigt. Sie richten keine defizitäre Perspektive auf das Kind, sondern sind die Grundlage für das pädagogische Handeln der Fachkräfte.

Andrea Foerster

3. Entwicklungsorientiertes Beobachten im pädagogischen Alltag

MARIA AARTS UND JOSJE AARTS

Die alltäglichen Marte Meo Videobilder sind ein gutes Werkzeug, um die Entwicklung jedes einzelnen Kindes zu dokumentieren.

3.1 Marte Meo entwicklungsorientierte Beobachtungschecklisten

Die Marte Meo Beobachtungschecklisten geben *allen* Fachkräften im Kita-Alltag die Möglichkeit, Kinder sowohl in freien als auch in strukturierten Situationen entwicklungsorientiert zu beobachten.

Das Kind lernt durch „Zusammenspielen" Folgendes:

- die Entwickelung neuer Spielmodelle
- von anderen Kindern neue Wörter, um seine Ideen ausdrücken zu können
- gerne mit anderen Kindern zusammen zu sein und eine schöne Zeit zu verbringen
- das Ausdrücken und Austauschen von Gefühlen
- zu kooperieren, zu verhandeln und sich in andere hineinzuversetzen
- den Umgang mit verschiedenen Persönlichkeiten
- Kritik anzunehmen
- Sicherheit in der Selbstdarstellung aufzubauen
- sich selbst besser kennenzulernen (durch Beobachten der Reaktion der anderen auf die eigene Person)
- ein eigenes Selbstbild und Selbstwahrnehmung zu entwickeln
- den Umgang mit Enttäuschung und Ablehnung
- den Umgang mit Hoffnung und Gewinnen
- sich zu konzentrieren
- sich am Glück anderer Menschen zu erfreuen; dies erleichtert es auch, sich in andere hineinzuversetzen, anstatt sich in seinen eigenen Gefühlen zu verlieren
- Körperrhythmus einer anderen Person zu ***folgen*** (sozialer Tanz)

3.1.1 Marte Meo Beobachtungscheckliste *Spielfähigkeiten*

In der Marte Meo Beobachtungscheckliste *Spielfähigkeiten*[3] (siehe Seite 40/41) finden Sie die sozial-emotionalen Fähigkeiten, die es einem Kind ermöglichen, mit anderen Kindern zu spielen.

Sie werden überrascht sein, welche Vielfalt an Fähigkeiten Kinder bereits entwickelt haben und weiterentwickeln. Diese Fähigkeiten sind entscheidend für sein gesamtes weiteres Leben.

3.1.2 Marte Meo Beobachtungscheckliste ***Schulfähigkeiten***

Im Alter von 3–6 Jahren ist die Entwicklung der Schulreife von besonderer Bedeutung. Die Marte Meo Checkliste *Schulfähigkeiten* (siehe Seite 42/43) zeigt besonders deutlich die zu entwickelnden sozial-emotionalen Fähigkeiten für einen gelingenden Schulalltag auf. Mit Hilfe der Marte Meo Checkliste *Schulfähigkeiten* kann man Kinder im Alter von 3–6 Jahren beobachten und analysieren, wo sie aktuell in ihrer Entwicklung der sozial-emotionalen Schulfähigkeiten stehen.

Kinder, die zu Schulbeginn einen Mangel an sozial-emotionalen Fähigkeiten haben, werden meistens gleich zu Anfang Probleme mit den täglichen Anforderungen des Schulalltages zeigen. Darum ist schon im Kita-Alltag ein besonderes Augenmerk auf die Entwicklung sozial-emotionaler Fähigkeiten zu legen, die für die Schule bedeutsam sind. Die Frage, welche Fähigkeiten ein Kind entwickelt haben sollte, um in einer strukturierten Unterrichtssituation seine Aufgabe erfolgreich zu erfüllen, steht im Mittelpunkt dieser Checkliste.

Exkurs

Allgemeine Information zu Schulfähigkeiten
Es gibt im Kita-Alltag zahlreiche Möglichkeiten, um die Entwicklung von Schulfähigkeiten zu unterstützen. Als ich mit der Entwicklung meiner Marte Meo Learning Sets für Familien beschäftigt war, war ich wieder sehr beeindruckt, wie früh ein Kind beginnt Schulfähigkeiten zu entwickeln. Das Interesse aller Eltern an der Entwicklung von Schulfähigkeiten ist groß. Marte Meo bietet auch die Möglichkeit, Elternabende zu diesem Thema durchzuführen.

3 Eine *Entwicklungscheckliste für isolierte Kinder* finden Sie im Buch „Marte Meo Programm für Autismus." Weitere Informationen sind unter www.martemeo.com abrufbar.

3.2 Marte Meo Checklisten für Fachkräfte

Die Marte Meo Checklisten für pädagogische Fachkräfte *Positiv Leiten / Struktur herstellen* (siehe Seite 44/45) sowie *Emotionale Beziehungen/Atmosphäre* (siehe Seite 46/47) bieten die Möglichkeit, gemeinsam mit dem Supervisor zu überprüfen, ob unterstützende Marte Meo Kommunikationsfähigkeiten der Fachkraft in Leitungssituationen bereits entwickelt sind und welche Möglichkeiten zur Weiterentwicklung es noch gibt, um eine Gruppe zu leiten.

3.3 Marte Meo Entwicklungschecklisten für Marte Meo Fachberater und Marte Meo Supervisoren

Marte Meo Fachberater und Marte Meo Supervisoren sind befähigt, die Marte Meo Entwicklungschecklisten anzuwenden. Diese finden sich im Marte Meo Handbuch „Das Goldene Geschenk“. Diese sind:

- Marte Meo Entwicklungscheckliste *Spielfähigkeiten*
- Marte Meo Entwicklungscheckliste *Kooperationsfähigkeiten in Spielsituationen*
  In der Marte Meo Entwicklungscheckliste *Kooperationsfähigkeiten* finden Sie die Fähigkeiten, die es einem Kind ermöglichen, mit anderen Kindern in Spielsituationen zu kooperieren. Gut ausgebildete Spielfähigkeiten bilden die Grundlage für gute Kooperationsfähigkeiten.
- Marte Meo Entwicklungscheckliste *Schulfähigkeiten*
- Marte Meo Entwicklungscheckliste *AD(H)S*
  (diese Checkliste ist auch für Kinder geeignet, die hyperaktiv sind, und für Kinder mit auffälligem Verhalten)
- Marte Meo Fachberater und Marte Meo Supervisoren können mit Hilfe der Marte Meo Entwicklungschecklisten die Botschaft hinter dem auffälligen Verhalten lesen.

Alle Checklisten finden Sie zum Download unter www.herder.de/extras

Marte Meo Beobachtungscheckliste Spielfähigkeiten

Kann das Kind in freien Spielsituationen:

Eigene Spielideen einbringen?	☐
Seine eigenen Initiativen benennen?	☐
Sich mit einer deutlichen Stimme präsentieren?	☐
Sich trauen, eigene Spielideen einzubringen?	☐
Initiativen von anderen wahrnehmen?	☐
Auf die passende Spielidee anderer eingehen?	☐
Sich emotional passend an andere Kinder anschließen?	☐
Sich abwechseln (taking turns)?	☐
Bei der vereinbarten Spielidee eine gewisse Zeit bleiben?	☐
Initiativen wählen, die zur vereinbarten Spielidee passen?	☐
Spielideen vereinbaren?	☐
Die Spielideen anderer mit einbeziehen?	☐
Kooperationstöne benutzen?	☐
Jeden nächsten Schritt benennen?	☐
Andere Spielpartner bestätigen?	☐
Regelmäßig die eigene Spielidee stoppen, um dem Spielpartner einen Moment zu folgen, um den Anschluss zu halten?	☐

Die Rollen klären?	☐
Spieltöne äußern?	☐
Motorische und feinmotorische Fähigkeiten nutzen?	☐
Den Fokus auf das Spiel angemessen behalten?	☐
Flexibilität für die Spielideen anderer zeigen?	☐
Den anderen Spielpartnern Raum für ihre Ideen geben?	☐
Die eigene Spielidee stoppen, um einen Moment mit der Spielidee der anderen mitzugehen?	☐
Die Spielidee anderer verfolgen, seine eigenen Ideen anpassen und eventuell neu vereinbaren?	☐
Auch wenn es spontan eine neue Spielidee hat, dies mitteilen?	☐
Absprachen einhalten?	☐
Freude mit den Spielpartnern teilen, z. B. genießen, lachen etc.?	☐
Um Hilfe bitten?	☐
Gefühle (auch in Stresssituationen) registrieren, äußern und regulieren?	☐
Gefühle anderer wahrnehmen und angemessen darauf eingehen?	☐
Selbst auch eine aktive Spielidee eingeben, ohne zu bestimmen?	☐
Sich mit den Spielpartnern abstimmen?	☐
Eigenen Lösungen bei Problemen trauen und auch verbal äußern bzw. bei Bedarf gemeinsam mit dem Spielpartner Problemlösungen herausfinden?	☐

Kopiervorlage

Marte Meo Beobachtungscheckliste Schulfähigkeiten

Kann das Kind in strukturierten Situationen:

Direkt bei der vorgegebenen Information der Fachkraft bleiben und seine eigenen Initiativen in diesem Moment zurückhalten? ☐

Sich selbst motivieren, um eine Aktivität und sofort mit der Aufgabe zu beginnen? ☐

Seine Sprache einsetzen, um sich auszudrücken/sich selbst klar zu präsentieren? ☐

Seine Aufgabe in strukturierter Weise ausführen? ☐

Bis zum Ende bei seiner Aufgabe bleiben? ☐

Gefühle und Emotionen benennen/ausdrücken? ☐

Den nächsten Schritt strukturieren? ☐

Bei Ablenkung zur Aufgabe zurückkehren? ☐

Geben und nehmen (Aktions-Niveau) und sich abwechseln? ☐

Warten und Informationen aufnehmen, wenn ein anderes Kind an der Reihe ist? ☐

Sich selbst darstellen, wenn es an der Reihe ist? ☐

Seine Aufgabe innerhalb der vorgegebenen Zeit beenden? ☐

Mit Enttäuschungen und Kritik umgehen? ☐

Beim Problemlösen Vertrauen in die eigenen Fähigkeiten haben? ☐

Die Konzentrationsspanne aufrechterhalten? ☐

Die pädagogische Fachkraft um Hilfe bitten, wenn es nötig ist? ☐

Die Fähigkeit zeigen, eine lange Aufmerksamkeitsspanne aufrechtzuerhalten? ☐

Verhaltensweisen zeigen, die schon klar entwickelten Mustern entsprechen? ☐

Aktivitäten zu Ende bringen? ☐

Kopiervorlage

Marte Meo Checkliste Positiv Leiten/Struktur herstellen

Kann die Fachkraft:

- [ ] Einen klaren Anfang mit Hilfe von Eröffnungstönen gestalten?
- [ ] Klare Rahmenbedingungen für die kommende Situation vorgeben?
- [ ] Den „Rundblick“ auf die gesamte Gruppe richten, um leitungsrelevante soziale Informationen wahrzunehmen?
- [ ] Im Voraus „Positiv Leiten“ und sagen, wie sie es im nächsten Moment haben möchte?
- [ ] Sagen, was das Kind tun kann?
- [ ] Positive Leitungstöne benutzen?
- [ ] Die Kinder mit Namen ansprechen?
- [ ] Motivierende Töne benutzen?

Die Reihenfolge klar strukturieren? ☐

Das Kind freundlich und deutlich, Schritt für Schritt in das erwünschte Verhaltensmuster leiten? ☐

Sich dem Tempo des Kindes/der Kinder anpassen? ☐

Ihre eigenen Initiativen benennen? ☐

Die passenden Initiativen des Kindes auswählen und bestätigen? ☐

Kleine negative Initiativen sehen und rechtzeitig durch kurzes Korrigieren reagieren und sagen, wie sie es haben möchte? ☐

Soziale Informationen der Kinder, die noch nicht wahrgenommen werden, hervorheben (Linking up)? ☐

Mit dem Einsatz von Beendigungstönen ein klares Ende setzen? ☐

Marte Meo Checkliste Emotionale Beziehungen/Atmosphäre

Kann die Fachkraft:

Ein einladendes Gesicht zeigen und einladende Töne benutzen? ☐

Kooperationstöne verwenden? ☐

Eine gute Körpersprache zeigen? ☐

Eine emotionale Initiative aufgreifen und spiegeln? ☐

Eine verbale emotionale Initiative des Kindes aufgreifen und bestätigen? ☐

Bewegungen spiegeln? ☐

Mit Humor reagieren? ☐

Einfühlsam sein, sehen, was sich zwischen den Kindern abspielt? ☐

Initiativen des Kindes/der Kinder benennen? ☐

Die Gefühle des Kindes/der Kinder benennen? ☐

Gefühlsäußerungen des Kindes/der Kinder wahrnehmen und auf der Gefühlsebene darauf eingehen? ☐

Einen positiven emotionalen Austausch herstellen? ☐

Angemessene körperliche Nähe herstellen? ☐

Sich selbst auf Augenhöhe des Kindes positionieren? ☐

Freude teilen? ☐

Eine passende Initiative des Kindes/der Kinder auswählen, diese auf die ganze Gruppe ausweiten, um eine Gruppenatmosphäre zu schaffen? ☐

Ein Kind durch einen anerkennenden Blick bestätigen? ☐

Anders sehen bedeutet auch anders handeln

Der positive Blick mit Marte Meo auf ein Kind ermöglicht es, an Entwicklung orientiertes Verhalten zu aktivieren statt Problemverhalten zu kompensieren.

Heike Bösche und Andrea Foerster

4. Praxisbeispiele – Marte Meo Supervisorinnen berichten

HEIKE BÖSCHE UND ANDREA FOERSTER

Heike Bösche, Licensed Marte Meo Supervisorin

Meine Aufgabe als Marte Meo Supervisorin besteht darin, den Marte Meo entwicklungsorientierten Blick auf den Arbeitsalltag in der Kindertagesbetreuung gemeinsam mit den Fachkräften zu gestalten, Möglichkeiten und Gelegenheiten zur Entwicklungsunterstützung in den Fokus zu nehmen und **problematisches Verhalten** von Kindern **als „Entwicklungsbotschaft** – ich habe noch nicht entwickelt" wahrzunehmen. Außerdem liegt ein zentrales Element meiner Tätigkeit darin, entwicklungsorientiertes Verhalten zu aktivieren, statt Problemverhalten zu kompensieren. Es ist eine Freude, immer wieder zu erleben, wie das pädagogische Fachpersonal es genießt, fernab des alltäglichen Stresses die Videobilder in aller Ruhe zu betrachten. Schon nach kurzer Zeit beginnen die Fachkräfte intensiver entwicklungsorientiert zu schauen, schon kleinste gelungene Momente wahrzunehmen und eigene Verhaltensideen zu entwickeln. Ich möchte sehr genau und detailliert aufzeigen, worauf Marte Meo Supervisoren achten, damit pädagogische Fachkräfte für ihren persönlichen Arbeitsalltag **aus eigener Kraft** diesen „Marte Meo Blick" entwickeln und anwenden können.

Wie Sie auch an den hier folgenden Fallbeispielen sehen werden, ist die Art der Formulierung je nach Persönlichkeit des Marte Meo Supervisors sehr unterschiedlich. Die Marte Meo Information bleibt gleich, die Art der Formulierung darf gerne individuell variieren.

Andrea Foerster, Licensed Marte Meo Supervisorin

Die Beobachtungen von Kindern sind ein fester Bestandteil pädagogischer Arbeit und sollten so konkret wie möglich sein, damit alle Mitarbeitenden im Team dieselbe Beobachtungsgrundlage haben.

In Fallbesprechungen zu einzelnen Kindern betonen die pädagogischen Fachkräfte immer wieder, dass sie auf die Ressourcen der Kinder achten und sich ihren positiven Blick bewahren wollen. Doch wie lässt sich anschaulich und für alle nachvollziehbar benennen, was wichtige Elemente in der Entwicklung von Kindern sind?

Durch Marte Meo konnte ich mit Hilfe von Videoaufnahmen sehr konkret und präzise aufzeigen, was die Grundlagen für die Verhaltensbeobachtungen von Kindern sind. Dies wurde im Laufe der Jahre eine hilfreiche Methode in meiner Beratungstätigkeit.

Mit den Videoaufnahmen konnte ich nun das, was wir sonst ausschließlich verbal über Kinder kommunizierten, an den Bildern sichtbar machen. Die pädagogischen Fachkräfte konnten allein oder gemeinsam mit Kolleg:innen ein Kind im Video in den Fokus rücken. Alle hatten zu dem Zeitpunkt *ein* Bild vom Kind. Ich konnte ihnen in der Supervision die Wechselwirkungsprozesse zwischen ihrer Interaktion und der Reaktion, dem Verhalten der Kinder, aufzeigen.

Die Fachkräfte *sahen* die Interaktionsmomente und *fühlten* die Bedeutung, die darin lag. Eine Mitarbeiterin drückte es einmal so aus: „Dieses Videos mit dem Kind hat mein Herz berührt. Zu erkennen, was die Bilder zeigen, hat mich das Kind anders sehen lassen." Diese Augenblicke, wenn Reflexionsprozesse einsetzen, sind es, die so gewinnbringend für die pädagogische Arbeit sind – und sie sind immer wieder ein Geschenk. **Denn „anders" sehen bedeutet auch „anders" handeln.**

Aus solchen Momenten sind im Laufe der Jahre vielfältige Prozesse entstanden, in denen pädagogische Fachkräfte Kinder begleitet und ihnen Entwicklungsunterstützung gegeben haben. Als Marte Meo Supervisorin geht es mir darum, dass von den pädagogischen Fachkräften beschriebene problematische Verhalten eines Kindes aufzugreifen. Die von Maria Aarts entwickelten Checklisten (siehe Kapitel 3) helfen dabei, einerseits die Ressourcen sichtbar zu machen, aber auch konkret aufzuzeigen, was das Kind noch nicht entwickeln konnte und somit zu einem problematischen Verhalten führen kann.

Gemeinsam mit den Fachkräften erarbeite ich in der Supervision auf dieser Grundlage und mit Hilfe der Videos die Unterstützungsmöglichkeiten für das Kind durch die Fachkräfte. Sie erhalten ein Training darin, Dinge wahrzunehmen, die dem Kind helfen, den nächsten Entwicklungsschritt zu machen. Beeindruckend finde ich immer wieder, wie Erzieherinnen und Erzieher nach einiger Zeit ihre Interaktion mit den Kindern reflektieren und verändern.

In der langjährigen Begleitung von pädagogischen Fachkräften als Marte Meo Supervisorin begegnen mir manche Themen aus der alltäglichen praktischen Arbeit in Kindertageseinrichtungen immer wieder. Denn dieser Alltag ist von vielfältigen Situationen des Miteinanders und der Interaktion von Kindern und Fachkräften geprägt, aus denen sich häufig Fragestellungen zu einzelnen Kindern ergeben.

Die systematische Bearbeitung der in einer Kita entstandenen Fragestellungen im Rahmen der Marte Meo Supervision trägt dazu bei, zielgerichtet Entwicklungsunterstützungsmöglichkeiten zu analysieren.

Marte Meo Supervision pädagogischer Themen aus dem Kita-Alltag

Im Folgenden finden Sie Beispiele aus der Kindertagesbetreuung, die Ihnen mit Sicherheit bekannt vorkommen. Sie erhalten sowohl konkrete Informationen zu Praxisbeispielen als auch allgemein anwendbare Informationen für den täglichen pädagogischen Alltag aus der Sicht der Marte Meo Supervisorin.

Wahl des Filmmaterials

Der Marte Meo Supervisor zeigt auf, welche Alltagssituation aufgenommen und zur Supervision mitgebracht werden könnte. Es handelt sich hierbei um eine 5- bis 10-minütige Videoaufnahme aus dem pädagogischen Alltag.

Wir unterscheiden:

DIE FREIE SITUATION

Zum Beispiel: Spiel in der Bauecke; Spiel in der Puppenecke; Bastelmaterial zur freien Gestaltung; Bausteine zur freien Gestaltung

Ebene des Kindes:
(Spielfähigkeits-)Initiativen des Kindes werden sichtbar.

Ebene der pädagogischen Fachkraft:
Die Reaktion der Fachkraft auf die kindlichen Initiativen wird sichtbar:
aufmerksam warten – der Initiative folgen – benennen

DIE STRUKTURIERTE SITUATION

Zum Beispiel: Regelspiele; Ankleide-/Auskleidesituation; Tisch decken

Ebene des Kindes:
Kann das Kind Leitung akzeptieren?

Ebene der pädagogischen Fachkraft:
Nutzt die Fachkraft das Marte Meo Element „Positiv Leiten“?

Tipp

Ein technischer Rat zur Videoaufnahme
Es ist notwendig, dass die Clips so aufgenommen werden, dass die Gesichter der Kinder gut gesehen werden. Dies ist wichtig, um im Kindergesicht zu lesen, ob das Kind gut mitmachen kann oder überfordert ist.

Die Marte Meo Interaktionsanalyse
Mit Hilfe der Marte Meo Checkliste *Spielfähigkeiten* analysieren wir zunächst einzelne **Interaktionsschritte des Kindes:**

- Was hat das Kind aktuell an Fähigkeiten und Fertigkeiten entwickelt?
- Wann braucht das Kind spezielle Entwicklungsunterstützung?

Der Aufbau der Praxisbeispiele

1. Verhaltensbeschreibung
2. Die Entwicklungsbotschaft lesen – Checklisten
3. Die Videoanalyse
4. Resümee Marte Meo Entwicklungsdiagnose
5. Arbeitspunkte für die pädagogische Fachkraft
6. Wie es weitergeht – der Marte Meo Folgefilm
7. Das Marte Meo Elterneinladungsprogramm

4.1 Freunde finden

HEIKE BÖSCHE

4.1.1 Verhaltensbeschreibung durch die pädagogische Fachkraft

Paul, 3 Jahre, geht schon seit einem Jahr in die Kita. Er ist eher schüchtern und spielt oft für sich alleine. Seit einiger Zeit beobachtet die Bezugserzieherin, dass er immer wieder mit anderen Kindern streitet. Er nimmt ihnen das Spielzeug weg und schlägt sie sogar. Die Erzieherin kann es sich nicht erklären, da Paul eigentlich ein ausgeglichenes und freundliches Kind ist.

4.1.2 Die Entwicklungsbotschaft hinter dem auffälligen Verhalten lesen – Marte Meo Checklisten

Wenn Kinder ein solches Verhalten zeigen, kann der Marte Meo Fachberater/Marte Meo Supervisor zunächst mit Hilfe der „Marte Meo Entwicklungschecklisten" anhand von ausgewählten Videosequenzen aus alltäglichen Situationen eine Marte Meo Entwicklungsdiagnose erstellen.

Mit Hilfe der Marte Meo Entwicklungscheckliste *Spielfähigkeiten* kann man zum Beispiel analysieren, welche Fähigkeiten ein Kind entwickelt haben sollte, um mit anderen Kindern sowohl sozial als auch emotional in Kontakt zu kommen und ***Verbindung herzustellen***.

Es ist häufig zu beobachten, dass die betroffenen Kinder sehr gerne mitspielen möchten, Interesse am gemeinsamen Spiel haben und traurig sind, keine Freunde zu finden. Sie wissen nicht, *wie* sie Kontakt aufnehmen können und *wie* sie sich in das gemeinsame Spiel einbringen können. **Die Marte Meo Entwicklungsbotschaft heißt immer: „Ich habe noch nicht entwickelt".** Mit Hilfe der Marte Meo Checkliste *Spielfähigkeiten* begeben wir uns auf die Suche, genau zu erkennen, welcher Entwicklungsschritt als Nächstes nötig ist und welche spezielle Entwicklungsunterstützung das Kind benötigt.

4.1.3 Die Videoanalyse

Auf mein Anraten hat die pädagogische Fachkraft eine Aufnahme von Paul in einer freien Spielsituation mit zwei Kindern mitgebracht. Diese Situation bietet optimale Voraussetzungen für eine Marte Meo Entwicklungsdiagnose. Sowohl schon entwickelte sozial-emotionale Spielfähigkeiten als auch noch zu entwickelnde Spielkompetenzen können hier analysiert werden.

Was zeigen die Bilder?	Worauf achte ich als Marte Meo Supervisorin?	Information zur Entwicklungsunterstützung
Die Aufnahme zeigt Paul am Rande der Puppenecke stehend, in der zwei etwa gleichaltrige Jungs, eifrig miteinander sprechend, zwei Puppen fertig anziehen, um später mit den Puppen spazieren zu gehen. Paul ist ruhig und schaut interessiert zu den Jungs. Er lächelt und folgt dem Spiel der Beiden.	Gleich in diesen ersten Sekunden entdecke ich, dass Paul an dem Spiel und den beiden Jungs Interesse zeigt. Das belegt sein Lächeln und sein aufmerksamer Blick.	Ich zeige das Standbild, auf dem zu sehen ist, dass Paul mit interessiertem Blick zu den Jungen hinübersieht: „Gucken Sie mal hier, in diesem Moment ist Paul sehr interessiert an den beiden Jungs und ihrem Spiel. Eine wichtige Information über Paul und sein Interesse. Wenn ich das sehe, weiß ich gleich, wie wichtig es für Paul ist, ihm Unterstützung zu geben, um in Kontakt mit anderen Kindern zu kommen. Meist wissen Kinder, die im Kontakt mit anderen Kindern auffällig sind, einfach nicht, wie eine positive Kontaktaufnahme gelingen kann.“
Nach ca. 30 Sekunden sagt er sehr leise: „Hallo, ich bin's, der Paul.“ Keiner der beiden Jungs reagiert. Sie haben Paul nicht gehört.	Paul hat Wörter, um sich vorzustellen: „Hallo, ich bin's, der Paul.“ Nun achte ich darauf, ob diese Wörter bei den anderen Kindern ankommen. Wird er gehört? Ist Pauls eindeutiges Kontaktangebot erfolgreich? Was ich sehe: Er spricht zu leise, um gehört zu werden, und sein Kontaktversuch ist erfolglos. Er bleibt isoliert.	Schritt für Schritt vermittle ich diese Situation anhand des Clips und sage: „Gucken Sie mal, und hören Sie mal, was Paul sagt.“ Die pädagogische Fachkraft versteht es auch kaum und antwortet: „Ach, der Paul, da möchte er mitspielen und keiner bekommt es mit. So erlebe ich ihn oft und dann wird er sauer.“ Als Marte Meo Supervisorin greife ich diese Information auf und erläutere der pädagogischen Fachkraft Folgendes: „Sie haben es auch gleich erkannt, ‚keiner bekommt es mit' – und genau hier ist eine Möglichkeit, Paul zu unterstützen, ihn größer und sichtbar für die

Was zeigen die Bilder?	Worauf achte ich als Marte Meo Supervisorin?	Information zur Entwicklungsunterstützung
		beiden anderen Kinder zu machen, ihm eine Stimme zu geben und seine Initiative ‚Hallo, ich bin's der Paul'" deutlicher zu machen. Wenn Sie Paul helfen möchten, gehört zu werden, geben Sie ihm eine Stimme. Sie können sagen: ‚Paul ist dazugekommen und sagt ‚hallo'.' So fühlt Paul sich von Ihnen gesehen, das unterstützt sein Selbstbewusstsein/seine Selbstwirksamkeit. Es ist deutlich zu sehen, dass er so gerne mitspielen möchte, aber er weiß noch nicht, wie das geht. Wir üben mit ihm, wie er das entwickeln kann. Wie ein Werkzeug, das er in neue Situationen mitnehmen kann. Auch geben Sie in diesem Moment den beiden anderen Jungen, Marc und Felix, die Gelegenheit, Paul wahrzunehmen. Wir nennen das ***Linking up***. Dazu habe ich später noch einen interessanten Filmausschnitt."
Dann sagt ein Junge: „Es ist kalt, wir brauchen Mützen." Paul steht immer noch sehr konzentriert und weiterhin unbeachtet am Rande der Puppenecke. Plötzlich rennt Paul los, läuft wortlos zu einer Kiste in der Puppenecke und holt zwei Mützen raus.	Es ist zu sehen, dass Paul aufgeregt und enthusiastisch der Spielidee des Jungen folgt. Er schließt an der Idee des Jungen an. Eine wichtige Spielfähigkeit, um zusammen spielen zu können. Dann findet er zwei passende Mützen für die Puppen.	Schritt für Schritt zeige ich die gerade beschriebene Sequenz. „Schauen Sie, Paul hat genau gehört, was der Junge sagt: ‚Es ist kalt, wir brauchen Mützen.'. Sehen Sie, nun eilt Paul zielstrebig zu der Kleiderkiste und holt zwei Mützen heraus." Die Fachkraft ist beeindruckt, da ihr diese Szene gar nicht in Erinnerung ist. Sie sagt: „Ich habe nur noch den Streit im Kopf, das ging alles so schnell. Aber genau so einer ist Paul, immer aufmerksam dabei. Er kriegt so viel mit und versteht so gut. Die hier in Ruhe betrachteten Bilder machen mir das nochmal sehr deutlich." Diese Rückmeldung bekommen wir regelmäßig in der Marte Meo Supervision. Sie bietet einen anderen Blick auf den beruflichen Alltag – in Ruhe und ungestört!

Was zeigen die Bilder?	**Worauf achte ich als Marte Meo Supervisorin?**	**Information zur Entwicklungsunterstützung**
In Windeseile schupst Paul nun einen der Jungs zur Seite, entreißt ihm die Puppe und setzt ihr eine Mütze auf.	Zunächst fällt mir auf, dass Paul bei der Spielidee „Es ist kalt, wir brauchen Mützen“ bleibt. Nun achte ich vorrangig darauf, ob sein weiteres Verhalten noch zur aktuellen Situation passt. Sogleich bemerke ich, dass Paul wieder wortlos seiner eigenen Idee folgt und der Puppe die Mütze aufsetzen will. In diesem Moment fehlen ihm die Spielfähigkeiten: • seine Umgebung wahrnehmen und soziale Informationen aufnehmen • sich einen Überblick über die Spielsituation verschaffen • seine eigene Initiative der sozialen Situation anpassen • seine eigene Initiative strukturieren und daraus Spielmuster entwickeln • mit der eigenen Initiative innehalten und jemand anderem seine Aufmerksamkeit schenken	Ich beginne mit Pauls Initiative „zur Puppe laufen“. Die dazugehörige Information lautet: „Schauen Sie mal, Paul hat die zwei Mützen und nun läuft er zu der einen Puppe. Er benennt seine Initiative nicht. Deshalb wird er von den beiden Jungs nicht wahrgenommen und kommt auch nicht mit ihnen in Kontakt.“ Die Fachkraft sagt sofort: „Oh, genau wie eben, er hat wieder nichts gesagt. Die Jungs können gar nicht wissen, was er vorhat.“ Die Fachkraft hat die vorherige Information – Paul braucht eine Stimme – noch im Kopf und sieht sofort, dass er auch hier keine Wörter hat. Nun sage ich: „Achten Sie doch einmal darauf, was Paul nun tut.“ Die Fachkraft antwortet beim Betrachten des Bildes: „Jetzt schubst er den Felix.“ In Zeitlupe betrachtet, ist genau zu sehen, dass Paul nicht wahrnimmt, dass er Felix geschubst hat. Ich gebe der Fachkraft die Information: „In diesem Moment hat Paul seine soziale Umgebung, also Felix, nicht wahrgenommen. Er hat sein Ziel im Kopf, der Puppe die Mütze aufzusetzen. Wenn Sie Paul unterstützen möchten, sein soziales Umfeld besser wahrzunehmen, kommt neben dem Benennen nun ein anderes Marte Meo-Element hinzu: ***Linking up – sozial aufmerksam machen*** und ***soziale Information groß machen***, um Verbindung zwischen den Kindern ***herzustellen***. Die Selbstwahrnehmung und Fremdwahrnehmung der Kinder gibt Auskunft über den sozialen Entwicklungsstand. Mit Hilfe des 3-W-Beratungssystemes erläutere ich die Entwicklungsunterstützung zum Marte Meo Element ***Linking up***.

4.1.4 Resümee Marte Meo Entwicklungsdiagnose

Was ist schon entwickelt?	Paul zeigt Interesse an den Jungs und ihrem Spiel und benennt, dass er da ist.
Wo braucht Paul noch Unterstützung?	Er hat eine sehr leise Stimme und wird nicht gehört. Er braucht Unterstützung, sich deutlich zu präsentieren und sich für andere Kinder „sichtbar und hörbar" zu machen.
Was kann die Fachkraft tun?	*Wann:* In einer freien Situation 1:1 Wenn Paul eine Initiative hat: *Was:* ***Aufmerksam warten – der Initiative des Kindes folgen – diese Initiative deutlich benennen*** *Wozu:* Er bekommt Wörter für seine Initiativen und die Möglichkeit, ein eigenes Erwartungsmodell aufzubauen. So lernt er Schritt für Schritt, seinen eigenen Initiativen zu vertrauen. Er erfährt, dass er mit seinen Ideen gesehen wird und wichtig ist. Paul erlebt die Wirksamkeit seiner eigenen Kompetenzen.

Das Resultat der Marte Meo Entwicklungsdiagnose macht deutlich, welche spezielle Entwicklungsunterstützung das Kind benötigt. Diese Information wird mit der pädagogischen Fachkraft geteilt und von der Fachkraft als Arbeitspunkt in den Kita-Alltag integriert.

Reaktion der Fachkraft zu dieser ersten Marte Meo Supervision:
„Ich habe es so deutlich gesehen, was Paul braucht. Krass, dass das im Alltag so untergeht. Ich werde nun Gelegenheiten schaffen, in denen ich benenne, was er tut, und so mehr Wörter lernen kann. Und ich habe wirklich Lust, zu schauen, was passiert, wenn ich ***Linking up*** versuche."

4.1.5 Arbeitspunkte für die pädagogische Fachkraft

Die Initiativen von Paul in 1:1-Situationen *benennen*

Wann: Wenn Paul in der Bauecke Schienen zusammenlegt.
Was: ***Aufmerksam warten, der Initiative des Kindes folgen und benennen***
„Du steckst die Schienen zusammen."

Wann: Wenn Paul seine Jacke aufhängt.
Was: ***Aufmerksam warten, der Initiative des Kindes folgen und benennen***
„Du hängst deine Jacke auf."

Wann: Wenn Paul die Zahnbürste vorbereitet.
Was: ***Aufmerksam warten, der Initiative des Kindes folgen und benennen*** „Du nimmst deine Zahnbürste und du tust die Zahnpasta auf die Bürste."
Wozu: Entwicklungsunterstützung:
Paul bekommt Wörter für sein Tun, in diesem Moment hat er die Gelegenheit, seine Initiative in Verbindung mit passenden Wörtern besser wahrzunehmen und als „Werkzeuge" mit in seinen Alltag zu nehmen.

Linking up
Wenn Paul mit anderen Kindern zusammen ist und sich am Spiel beteiligt, seine ***Initiativen benennen***, z. B.:
Wann: Wenn Paul (wie in unserem Beispiel) den Kindern aufmerksam zuschaut.
Was: ***Benennen*** „Ah, Paul sieht zu, wie Felix und Marc die Puppe ankleiden. Das ist interessant."
Wann: Wenn Paul die Mütze für die Puppe holt.
Was: ***Benennen*** „Paul holt eine Mütze für die Puppe."
Wozu: Entwicklungsunterstützung
Die Fachkraft betont seine Initiative/die soziale Situation, er wird in seiner Wahrnehmung trainiert und bekommt Wörter. Die anderen Kinder bekommen die Gelegenheit, ihn wahrzunehmen.

Ich verabrede mit der Fachkraft, 14 Tage später eine ähnliche Situation zu filmen, und diese in einer zweiten Supervision anzuschauen.

4.1.6 Wie es weitergeht – der Marte Meo Folgefilm

Bei der Wahl des sogenannten „Marte Meo Folgefilms" achten wir darauf, eine passende Situation zu filmen, in der sichtbar wird, dass der benannte Arbeitspunkt umgesetzt wird.

14 Tage später:
Für die zweite Marte Meo Supervision hat die Fachkraft eine freie Situation mit Paul und Felix im Spiel mit einer Holzeisenbahn und Schienen aufgenommen. Auch hier führe ich wieder eine Interaktionsanalyse durch. Nun achte ich intensiv auf die Momente, die in Verbindung mit dem Arbeitspunkt der Fachkraft und der Entwicklungsunterstützung von Paul stehen.

Die Fachkraft berichtet:
Sie hat im Alltag sehr viele Situationen bemerkt, in denen sie nun

- ***aufmerksamer wartet*** und
- den ***Initiativen*** der Kinder ***folgt***.

> *Reaktion der Fachkraft:*
> „Ich habe nun eine neue Möglichkeit gefunden, mein pädagogisches Wissen praktisch umzusetzen und gleich zu sehen, was alles möglich ist. Was alles Schönes geschieht, wenn ich ***aufmerksam warte*** ..."

Beschreibung der Filmsequenz
Paul sitzt mit Felix in der Bauecke. Sie spielen mit der Holzeisenbahn.
Die Fachkraft sitzt leicht abseits, mit dem Blick zu den Kindern, ***wartet aufmerksam*** und ***folgt den Initiativen*** der Kinder.

Felix sagt: „Ich finde rund gut." Paul antwortet: „Ich auch." Er schaut zur Fachkraft und lächelt sie an. Die Fachkraft lächelt zurück, blickt von Paul zu Felix und sagt: „Der Paul findet die runde Bahn auch gut." Gleich schaut Felix zu Paul und sagt: „Dann anfangen." Die Fachkraft nimmt sich zurück.

Paul nimmt zwei Kurven und setzt sie zusammen. Die Fachkraft benennt mit freundlichem Ton: „Der Paul hat zwei abgerundete Schienen!" Felix schaut genau in dem Moment auf, als auch Paul ihn ansieht. Beide lächeln sich an. Die Fachkraft nickt.

Jetzt kommt Marc wortlos dazu. Die Fachkraft ***benennt*** auch hier Marcs ***Initiative***: „Marc schaut ganz interessiert auf die Eisenbahnschienen." Marc wendet sich zur Fachkraft und sagt: „Kann ich mitspielen?" Die Fachkraft wendet ihren Blick zunächst zu Felix und Paul und wiederholt: „Marc fragt: Kann ich mitspielen?" Paul schaut hoch zur Fachkraft, diese hat den Blick zu Marc gewendet, Paul tut ihr dies nach und sagt: „Ja, aber nur wenn du rund machst!" Felix sagt: „Genau." Marc nimmt eine Kurve und legt diese an. Die Fachkraft ***benennt*** dies. Im gleichen Moment sagt Paul: „Marc baut rund."

Was zeigen die Bilder?	Worauf achte ich als Marte Meo Supervisorin?	Die Marte Meo Supervision mit der pädagogischen Fachkraft
Paul sitzt mit Felix in der Bauecke. Sie spielen mit der Holzeisenbahn. Die Fachkraft sitzt leicht abseits, mit dem Blick zu den Kindern, ***wartet aufmerksam*** und ***folgt den Initiativen*** der Kinder. Felix sagt: „Ich finde rund gut." Paul antwortet: „Ich auch." Er schaut zur Fachkraft und lächelt sie an. Die Fachkraft lächelt zurück, blickt von Paul zu Felix und sagt: „Der Paul findet die runde Bahn auch gut." Gleich schaut Felix zu Paul und sagt: „Dann anfangen." Die Fachkraft nimmt sich zurück.	Da es eine freie Spielsituation ist, schaue ich zunächst, wer von den Beteiligten aktiv ist. Die Kinder sind mit den Eisenbahnschienen beschäftigt, und die Fachkraft sitzt aufmerksam, ohne etwas zu tun, dabei. So bekommen die Kinder die Gelegenheit, eigene Initiativen zu entwickeln. Die Fachkraft ***wartet aufmerksam*** und kann so Gelegenheiten zum ***Benennen*** wahrnehmen.	Gleich am Anfang zeige ich der Fachkraft, wie sie durch ***aufmerksames Warten*** der ***Initiative*** von Paul ***folgt*** und deutlich das ***benennt***, was Paul gesagt hat: „Der Paul findet die runde Bahn auch gut." Der Effekt dieses ***Benennens*** wird sofort deutlich, denn Felix reagiert und sagt direkt zu Paul: „Dann anfangen." Hierzu äußert die Fachkraft: „Nach unserer ersten Marte Meo Supervision wurde mir im Alltag ganz schnell klar, wie wichtig es ist, wenn ich möchte, dass Paul von den anderen Kindern gesehen wird, dass ich damit beginnen muss zu ***benennen***, was er tut, und dann aber selbst nicht zu viel mit ihm in Kontakt gehen sollte. Darum habe ich die Jungs nicht angesehen. Es freut mich jetzt festzustellen, dass es funktioniert hat, dass Felix und Paul sich ansehen. So schnell geht das. Das ist mir auch schon bei anderen Kindern aufgefallen."
Paul nimmt zwei Kurven und setzt sie zusammen. Die Fachkraft benennt mit freundlichem Ton: „Der Paul hat zwei abgerundete Schienen!" Felix schaut genau in dem Moment auf, als auch Paul ihn ansieht. Beide lächeln sich an. Die Fachkraft nickt.	Bewusst zeige ich eine ähnliche Szene, um den Effekt des ***Benennen***s nochmals deutlich hervorzuheben.	Auch hier reagiert die Fachkraft erfreut, dass ihr Erfolg so deutlich sichtbar wird, und sagt: „Ja, sehen Sie, ich nicke. Ich habe es in dem Moment selbst gesehen, dass die beiden Jungs sich anlächeln. Ein gelungener Moment."
Marc wendet sich zur Fachkraft und sagt: „Kann ich mitspielen?" Die Fachkraft wendet ihren Blick zunächst zu Felix und Paul und wiederholt: „Marc fragt: Kann ich mitspielen?" Paul schaut hoch zur Fachkraft, diese hat den Blick zu Marc gewendet, Paul tut ihr dies nach und sagt: „Ja, aber nur wenn du rund machst!" Felix sagt: „Genau." Marc nimmt eine Kurve	*Wann:* Hier ist ein sehr interessanter Moment, der deutlich zeigt, wie vielseitig ***Benennen*** sein kann. *Was:* Die Fachkraft ***macht*** Marcs Frage für Paul und Felix ***groß*** und wiederholt genau das, was Marc gesagt hat: „Kann ich mitspielen?" Sie tut dies: • völlig wertfrei, • stellt keine Anforderung an die Kinder,	Beim Betrachten dieser Szene gehe ich mit der Fachkraft zu den Themen ***Benennen*** und ***Linking up*** in den Dialog. Sie erzählt, dass sie eine große Bereicherung in ihrer pädagogischen Arbeit im ***Linking up*** sieht. „Früher habe ich in solchen Situationen gesagt: ‚Marc, frag mal Felix und Paul, ob du mitspielen darfst.' Oder: ‚Paul, Felix, der Marc möchte mitspielen, ist das ok?' Der daraus entstehende Dialog kam immer über mich bzw. mit mir

Was zeigen die Bilder?	Worauf achte ich als Marte Meo Supervisorin?	Die Marte Meo Supervision mit der pädagogischen Fachkraft
und legt diese an. Die Fachkraft benennt dies. Im gleichen Moment sagt Paul: „Marc baut rund."	• interpretiert nichts hinein, sondern wiederholt genau das, was Marc sagt. *Wozu* ist dies so wichtig? Die Fachkraft ***macht die soziale Situation*** für Paul und Felix ***groß***, indem sie ***benennt***, was Marc zunächst sie gefragt hat: Das entsprecht dem Prinzip des ***Linking up***. Beide Jungs nehmen dies nun wahr und bekommen die Gelegenheit, selbst aktiv zu entscheiden und zu reagieren, wie es weitergeht. Diese Fähigkeit brauchen Kinder, um gemeinsam spielen zu können. Marte Meo hat einen wunderbaren Merksatz hierzu: **Aktivieren statt kompensieren"**. Beeindruckend ist, dass Paul am Ende der Szene selbst ***benennt***, was Marc tut: „Marc baut rund."	zustande. ***Linking up*** gibt mir nun die Gelegenheit, die Kinder aktiv aufeinander aufmerksam zu machen, ohne mich einzumischen."

Reaktion der Fachkraft auf die vorgeschlagene weitere Vorgehensweise:
„Ich sehe, was sich schon entwickelt hat. Paul beginnt deutlicher zu ***benennen***. Sein Interesse an anderen Kindern und sein Wunsch, Freunde zu finden, sind mir nun viel deutlicher geworden. ***Aufmerksam warten*** fällt mir gar nicht mehr schwer, seit ich weiß, wie wichtig es ist, in freien Situationen den Kindern Raum für ihre eigenen Initiativen zu geben. Ich bin aufmerksamer für die Initiativen der Kinder geworden. Paul werde ich gerne weiterhin mit ***Benennen*** und ***Linking up*** unterstützen."

4.1.7 Das Marte Meo Elterneinladungsprogramm

als Teil des anstehenden Entwicklungsgespräches – Beispiel Paul

Tipp

Pädagogische Fachkräfte, die die Marte Meo Information in ihrem Arbeitsalltag einsetzen, können diese entwicklungsunterstützende Information mit den Eltern teilen. Die Vermittlung mit Bildmaterial im Marte Meo Stil wird dann von einer/einem Marte Meo Fachberater:in durchgeführt.

Die Marte Meo Fachberaterin bereitet zwei Szenen vor.

1. Szene:
Paul und Felix bauen gemeinsam einen kleinen Bauernhof mit Zebras und Dinosauriern. Die beiden Jungs lachen und plaudern miteinander. Die Fachkraft erläutert mit diesem Clip, welche Spielfähigkeiten Paul schon zum Zusammenspielen entwickelt hat. Sie macht deutlich, wie gut der Kontakt und die Stimmung zwischen den beiden Jungs sind.

2. Szene:
Paul setzt die Dinosaurier zu den Zebras und sagt: „Hallo, ist hier noch Platz?“ Felix lacht und Paul schaut hoch. Jetzt lachen beide Jungs gemeinsam.

Die Fachkraft erläutert, dass Paul nun immer mehr ***benennt***, was er tut, und so andere Kinder auf sich und seine gute Spielidee aufmerksam macht.

Auch berichtet sie, dass sie, ihre Kolleginnen und Kollegen Paul beim Spielen immer wieder sprachlich begleiten und ***benennen***, was er tut. Dies stärkt seine Wahrnehmung und unterstützt seinen Sprachschatz.

Reaktion des Vaters:
„Es ist sehr berührend zu sehen, dass Paul nun friedlich mit Felix spielt. Dass das auch geht, und er nicht nur streitet.“

Reaktion der Mutter:
„Ich bin froh, dass Sie uns *das* gezeigt haben. Es ist so schön, es zu sehen. Klar, Sie haben es mir schon erzählt. Aber es zu sehen, ist – wie hat mein Partner gesagt? – berührend.“

Mit einem Foto von der gelungenen Spielsituation endete dieses Entwicklungsgespräch.

4.2 Abholsituation – Übergangsproblem

HEIKE BÖSCHE

4.2.1 Verhaltensbeschreibung durch die pädagogische Fachkraft

Ella ist 3;2 Jahre alt. Wenn sie von ihrer Mutter abgeholt wird, rennt sie immer wieder in den Gruppenraum, zu anderen Kindern oder einfach über den Flur. Sie lässt sich nicht von ihrer Mutter anziehen. Es endet meist in schlechter Stimmung. Die Mutter schimpft und Ella jammert.

4.2.2 Die Entwicklungsbotschaft lesen – Checklisten

Wenn Kinder in einer strukturierten Situation ein solches Verhalten zeigen, analysieren wir mit Hilfe der Marte Meo Checkliste *Positiv Leiten*, ob das Kind schon entwickelt hat, Leitung zu akzeptieren, bzw. welche Signale sichtbar werden, die zeigen, was das Kind in diesem Moment an Unterstützung benötigt.

Mit Hilfe der Marte Meo Checkliste *Positiv Leiten* analysieren wir einzelne Interaktionsschritte des Kindes:

- Was hat das Kind aktuell an Fähigkeiten und Fertigkeiten entwickelt?
- Wann braucht das Kind spezielle Entwicklungsunterstützung?

Wahl der Filmsequenz

In diesem beschriebenen Fall hatte die Fachkraft nach Rücksprache mit der Mutter und Ella schon die Abholsituation gefilmt. Die Kamera ist in dieser Kita ein bekanntes Handwerkszeug, und die Genehmigung zum Filmen, zur Marte Meo Supervision und zu Beratungszwecken, liegt von allen Eltern vor.

Wir arbeiten mit ausgewählten Filmclips aus dem Alltag. Bei der Marte Meo Interaktionsanalyse fokussieren wir uns mehr auf Möglichkeiten zur Entwicklung als auf das problematische Verhalten. Daher ist es nicht unbedingt nötig, das problematische Verhalten zu filmen.

Beschreibung der Filmsequenz

Die Szene ist im Kita-Flur aufgenommen. Ella sieht ihre Mutter in die Kita kommen und läuft freudig auf sie zu. Die Mutter lächelt Ella an, nimmt sie wortlos bei der Hand und geht zu Ellas Platz an der Kindergarderobe. Dann setzt sich die Mutter auf die Bank davor. Als die Mutter Ellas Hand loslässt, läuft Ella zu einem kleinen Mädchen, ca. zwei Meter entfernt. Die Mutter ruft freundlich: „Ella, wir müssen nach Hause gehen, die Oma wartet." Ella schaut zu dem kleinen Mädchen und streichelt es. Die Mutter ruft wieder: „Ella, hörst du, die Oma wartet." Ella läuft zur Mutter. Die Mutter nimmt wortlos die Jacke in die Hand. Ella sieht in diesem Moment eine Fachkraft aus der Küche kommen. Ella läuft zu ihr. Die Fachkraft beugt sich zu Ella und sagt: „Schau mal, Ella, deine Mama hat schon die Jacke in der Hand. Es ist kalt draußen. Ich habe gehört, die Oma wartet auf dich. Dann zieh doch die Jacke an, damit ihr los könnt und die Oma nicht so lange warten muss." Ella läuft sofort zur Mutter. Diese lächelt nervös zur Fachkraft und sagt: „Immer wieder dasselbe, es ist so schwierig, Ella anzuziehen, und sie will gar nichts mit mir zu tun haben." Ella ist inzwischen wieder bei einem anderen Kind. Dieses Kind hat „Blinkschuhe". Ella schaut fröhlich zur Mutter und sagt: „Wie meine Blinker". Die Mutter sagt: „Oh ja, das sind aber schöne Schuhe. Sie leuchten rosa." Ella tanzt um das Kind und peilt nun den Wagen mit den Gummistiefeln an. Die Mutter sitzt still auf der Bank. Ella nimmt rosa Stiefel aus dem Regal und läuft zur Mutter: „Guck, Mama, auch rosa." Die Mutter lächelt und sagt: „Ja, auch rosa, so schöne Schuhe ... Ella, die Oma." Sichtlich interessiert schaut Ella nun zu, wie Paul auf der Garderobenbank gegenüber den Reißverschluss an seinem Anorak zuzieht.

Die Mutter geht nun zu Ella, nimmt sie wieder an die Hand und sagt: „Ella, jetzt aber genug, ich will los." Ella sagt: „Nein, Paul gucken." Die Mutter zieht sie sanft zurück in Richtung ihrer Garderobe. Jetzt wird Ella unruhig, wehrt sich, reißt sich los, läuft wieder zu Paul und sagt mit weinerlicher Stimme: „Nein, Nein, Nein!" Die Mutter wendet sich an die Fachkraft und sagt: „Was jetzt? Ich bekomme das nicht hin ... seit Wochen jeden Nachmittag dieses Theater."

4.2.3 Die Videoanalyse

Was zeigen die Bilder?	Worauf achte ich als Marte Meo Supervisorin?	Information zur Entwicklungs-unterstützung
Ella sieht ihre Mutter in die Kita kommen und läuft freudig auf sie zu.	Zunächst achte ich sehr genau auf den *ersten* Kontaktmoment zwischen Mutter und Kind. Es ist zu sehen, dass Ella das Eintreffen der Mutter wahrgenommen hat. Sie reagiert erfreut auf das Kommen der Mutter und läuft auf sie zu. Nun ist es wichtig zu sehen, wie die Mutter auf Ella reagiert. Sieht sie Ellas freudiges Gesicht?	Ich zeige der zuständigen Fachkraft Marion zunächst den Ausschnitt, in dem deutlich zu sehen ist, dass Ella sich über das Kommen ihrer Mutter freut. Im Stil der Marte Meo Interaktionsanalyse – die Bilder Schritt für Schritt anzuschauen – vermittle ich die Marte Meo Information mit Hilfe des 3-W-Beratungssystems. Marion möchte gleich dieses erste Bild der Mutter zeigen. Marion erzählt, dass die Mutter ihr immer wieder mitteilt, dass sie denkt, Ella lehnt sie ab, mag sie nicht und dass darum alles so schwierig ist. Wir verabreden, der Mutter beim nächsten Elterngespräch im Rahmen des Marte Meo Elterneinladungsprogrammes Ausschnitte aus diesem Clip zu zeigen.

Was zeigen die Bilder?	Worauf achte ich als Marte Meo Supervisorin?	Information zur Entwicklungsunterstützung
Die Mutter lächelt Ella an nimmt sie wortlos bei der Hand und geht zu Ellas Platz an der Kindergarderobe. Dann setzt sich die Mutter auf die Bank davor. Als die Mutter Ellas Hand loslässt, läuft Ella zu einem kleinen Mädchen ca. zwei Meter entfernt. Die Mutter ruft wieder: „Ella, hörst du, die Oma wartet." Ella läuft zur Mutter.	Die Mutter lächelt so, dass Ella dieses freundliche Gesicht sieht und sich willkommen fühlt. Nun folgt der nächste Schritt. Da die Mutter nicht benennt, was als Nächstes passiert, weiß Ella gar nicht, wie es nun weitergeht. Ella ist ein sehr lebhaftes und interessiertes Kind. In diesem Moment hat sie keinen Kontakt zu ihrer Mutter, weiß nicht, was als Nächstes kommt und hat nun Raum für eine eigene „aufkommende" Initiative: und schon ist sie unterwegs. Als ihre Bezugserzieherin ist Marion mit Ella in vertrautem Kontakt. Auch zu der Mutter hat sie eine entspannte und herzliche Beziehung.	Die nächste Szene zeigt, dass Ella wieder sehr an allem interessiert ist, was um sie herum geschieht. Es wird sehr deutlich, dass Ella in diesem Moment keinen Blick für ihre Mutter hat. Diese scheint „wie unsichtbar". Die Fachkraft bemerkt, dass die Mutter nicht spricht.
Ella sieht eine Fachkraft aus der Küche kommen. Ella läuft zu ihr. Die Fachkraft beugt sich zu Ella und sagt: „Schau mal, Ella, deine Mama hat schon die Jacke in der Hand. Es ist kalt draußen. Ich habe gehört, die Oma wartet auf dich. Dann zieh doch die Jacke an, damit Ihr loskönnt und Oma nicht so lange warten muss." Ella läuft sofort zur Mutter.	Ich achte sehr genau darauf, ob die Fachkraft Ella zunächst ein Kontaktangebot macht, um so ***Anschluss*** zu ihr ***herzustellen***. In diesem Fall gelingt es sofort und ist einfach, da Ella die freundlich schauende Fachkraft aufmerksam ansieht. Da es sich um eine Leitungssituation handelt, ist es wichtig, zunächst an die Welt des Kindes ***anzuschließen***, um in Kontakt zu kommen. Ohne Anschluss ist eine ***Positiv Leiten*** kaum möglich. Als Nächstes gibt die Fachkraft Ella eine konkrete Anweisung: „... deine Mama hat schon die Jacke in der Hand ... dann zieh doch die Jacke an ..." Ich prüfe nun: • Hat Ella diese Anweisung verstanden? • Kann sie in diesem Moment Leitung akzeptieren? Und tatsächlich versteht Ella die Anweisung und akzeptiert Leitung. Ella läuft zur Mutter. Schon diese Sequenz zeigt deutlich, dass Ella konkrete Informationen benötigt, um zu wissen, wie es weitergeht.	Anhand der ausgewählten Szenen vermittle ich der Fachkraft Ellas sichtbares Bedürfnis nach ***Positiver Leitung***.

4.2.4 Resümee Marte Meo Entwicklungsdiagnose

Was ist schon entwickelt?	Ella zeigt großes Interesse am Kontakt zu Menschen und Geschehnissen um sie herum. Sie ist sehr aufmerksam. Sie nimmt Blickkontakt auf. Sie hat ein gutes Sprachverständnis. Sie akzeptiert Leitung.
Wo braucht Ella noch Unterstützung?	• Äußere Strukturen/Regeln akzeptieren. • Strukturierte Situationen Schritt für Schritt ausführen. • Sich konzentrieren und dabeibleiben.
Was kann die Fachkraft tun?	*Wann:* In einer strukturierten Situation 1:1 *Was:* ***Aufmerksam warten – Anschluss – Positiv Leiten*** *Wozu:* Ella erfährt, strukturierte Situationen erfolgreich zu Ende zu bringen. Sie lernt, sich zu konzentrieren. Ella erfährt Leitung als positive Begleitung. Sie erlebt die Wirksamkeit ihrer eigenen Kompetenzen.

4.2.5 Arbeitspunkte für die pädagogische Fachkraft

Zunächst wurden die Clips im Großteam vorgestellt. Durch das offene Konzept der Kita sind in der Abholsituation oftmals mehrere pädagogische Fachkräfte zugegen und unterstützen sich gegenseitig. Es ist daher von Vorteil, wenn alle beteiligten pädagogischen Fachkräfte die Informationen mit Hilfe der Videoclips erhalten.

Das Marte Meo Element *Positiv Leiten* nutzen

Wann: In strukturierten Situationen, wie z.B. dem An- und Auskleiden, Zähneputzen, Kita-Tasche aufräumen, Regelspiele

Was: Dem Kind präzise sagen was es tun kann, um das erwünschte Verhalten zu zeigen.
Das Kind ***bestätigen***, indem die Fachkraft ein ***nuanciertes Feedback*** bei erwünschtem Verhalten gibt.

Wozu: Ella erlangt in strukturierten Abläufen Sicherheit, ihr Selbstbewusstsein steigt, da sie eigenen Erfolg erfährt. So lernt sie, ***Positive Leitung*** zu akzeptieren.

4.2.6. Wie es weitergeht – der Marte Meo Folgefilm

In diesem beschriebenen Fall blieb es zunächst bei einer Filmaufnahme und dem dazugehörigen Marte Meo Beratungsgespräch.

> *Reaktion der Fachkraft aktuell und für die weitere Vorgehensweise:*
> „Es ist erstaunlich, wie schnell Ellas Mutter verstanden hat, welche Unterstützung Ella braucht, um erfolgreich eine strukturierte Situation wie z. B. das Ankleiden zu meistern. Die Eltern haben es gleich auf Situationen zu Hause, wie das Zähneputzen und das Aufräumen, übertragen. Die Mutter ist nun sicherer geworden. Unsere Entwicklungsgespräche werden durch das Marte Meo Elterneinladungsprogramm bereichert. Dies ist eine sehr gute Möglichkeit, mit Hilfe der Videobilder entwicklungsunterstützende Informationen an die Eltern weiterzugeben, ohne zu reglementieren. Ein gutes Handwerkszeug, um mit den Eltern eine Erziehungspartnerschaft zu erleben."

4.2.7 Das Marte Meo Elterneinladungsprogramm
als Teil des anstehenden Entwicklungsgespräches – Beispiel Ella

Zum Termin des „Marte Meo Elterneinladungsprogramms" erscheinen Ellas Mutter und Vater, der sich extra freigenommen hat. Die Fachkraft begrüßt die Eltern freundlich und bedankt sich für ihr Kommen. Die Mutter sagt gleich: „Ich bin schon etwas aufgeregt, aber der Termin heißt ja ‚Elterneinladung' ... das macht mich schon neugierig. Marion, du hast gesagt, wir teilen gute Momente aus Ellas Kita-Alltag und wichtige Informationen dazu. Klingt schon mal echt einladend." Die Fachkraft lächelt und ***bestätigt*** die Mutter mit den Worten: „Ja, das hast du gut erkannt, genau so ist das bei Marte Meo: gute Momente und Entwicklungsinformation teilen."

Ich empfehle den Fachkräften, die Eltern „einzuladen", ihnen Lust auf dieses Gespräch zu machen und zu ***benennen***, dass sie sich darauf freuen, diese Information mit den Eltern zu teilen.

Die Eltern bekommen als erstes die Information, dass man mit ihnen kleine Videosequenzen ansehen möchte, die etwas über Ellas Fähigkeiten und Bedürfnisse aussagen. Dementsprechend bereitet die Marte Meo Fachberaterin einige Szenen aus Ellas Kita-Alltag vor.

1. Szene:
Gleich zu Beginn wird den Eltern der Begrüßungsmoment zwischen Ella und ihrer Mutter gezeigt. Aus der aufgenommenen Abholsituation nutzt die Fachberaterin die Szene, als die Mutter die Kita betritt und Ella freudig auf ihre Mama zuläuft.

Das Video wird mit der Info „Ella freut sich, dich zu sehen, als du die Kita betreten hast" genau in dem Moment angehalten, als Ella ihre Mutter sieht und anlächelt.

Dieses Standbild lassen wir zunächst auf die Eltern wirken. Ruhig schauen sich die Eltern dieses Bild an.

> *Reaktion der Mutter:*
> Sie beginnt zu weinen und sagt: „Warum nehme ich das denn nicht wahr ... ich sehe das zum ersten Mal. In meiner Erinnerung kommt Ella gar nicht zu mir. Sie läuft doch gleich weg, wenn sie mich sieht." Dann ergänzt sie noch: „Sie schaut mich wirklich so lieb an ... ich weiß gar nicht, was ich sagen soll."

> *Reaktion des Vaters:*
> Er ist ebenfalls gerührt und sagt: „Das ist ja eine Methode, ein Bild und ich bin schon beeindruckt. Meine Frau denkt, Ella ist lieber in der Kita als Zuhause."

Es entsteht ein Dialog mit der Fachkraft und den Eltern.

> *Reaktion der Fachkraft:*
> Sie schließt an den Gefühlen und Gedanken der Eltern an und wählt spontan noch eine Sequenz aus, die wieder zeigt, wie Ella freudig auf ihre Mutter zuläuft.

Die Eltern möchten mehr erfahren.

2. Szene:
Hier liegt eine kurze Sequenz aus einer Kita-internen Aufnahme „Ella und Lina beim Tisch decken" vor. Sie zeigt Ella in einer strukturierten Situation. Sie verteilt vier Teller auf dem Tisch. Marion, ihre Bezugserzieherin, unterstützt sie. Schritt für Schritt erklärt die Fachkraft den Eltern anhand der Bilder das Marte Meo Element ***Positiv Leiten***: Ellas Fähigkeit „Positive Leitung annehmen" wird hier deutlich. Sie nimmt die präzisen Anweisungen der Fachkraft wahr und setzt diese sogleich um. Auch ist ihre Freude zu sehen, als sie nach jedem gelungenen Arbeitsschritt „Tisch decken" ***bestätigt*** wird.

Tipp

Positiv Leiten

- Sag dem Kind, wie du es haben möchtest, bedeutet:
- Sag dem Kind, was es tun **kann**
  EFFEKT: Dies hilft dem Kind erfolgreich zu sein
- Wenn das Kind das erwünschte Verhalten zeigt: Gib dem Kind eine ***Bestätigung***
  EFFEKT: Lernmotivation

Was zeigen die Bilder?	Bemerkung/Marte Meo Element
„Die Teller stellst du bitte auf den Tisch, vor jeden Stuhl einen Teller."	**Sag dem Kind, was es tun kann**
Ella nimmt die Teller einzeln und stellt den ersten Teller auf den Tisch. Sie dreht sich um und schaut zu Marion.	*Ella zeigt das erwünschte Verhalten.*
Marion folgt ihr mit dem Blick und sagt: „Sehr gut, Ella, da gehört der Teller hin. Du hast ihn dort abgestellt."	***Bestätigen***
„... und nun der nächste Teller."	**Sag dem Kind, was es tun kann**
Ella holt den nächsten Teller und stellt ihn an den vorgesehenen Platz. Wieder schaut sie zur Fachkraft.	*Ella zeigt das erwünschte Verhalten.*
Wieder ***bestätigt*** diese Ellas Handlung und fügt sofort hinzu: „Und nun der nächste Teller." So geht es, bis vier Teller ihren Platz haben.	***Bestätigen***
Ella läuft nun zum Fenster und sieht die anderen Kinder im Garten. Marion folgt ihr mit dem Blick und sagt: „Ja, die anderen Kinder sind schon draußen."	***Linking up***
„Du stellst noch die Becher auf den Tisch und dann kannst du auch rausgehen. Komm bitte zu mir, Ella, schau, heute nehmen wir die neuen Becher. Zu jedem Teller ein Becher."	***Positiv Leiten***
Ella tänzelt zu Marion, nimmt einen Becher und stellt ihn neben einen Teller.	*Ella zeigt das erwünschte Verhalten.*
Marion begleitet dies sprachlich: „Du stellst den neuen Becher auf den Tisch."	***Benennen*** Das hilft Ella, sich zu konzentrieren und dabeizubleiben.
Ella lacht und sagt: „Ja, mach ich gut. Jeder Teller ein Becher." Marion lacht und sagt: „Ja, jeder Teller ein Becher, du bist eine geschickte Tischdeckerin."	***Nuanciertes Feedback*** – stärkt das positive Selbstbild
Als Ella fertig ist, sagt Marion: „Schau, Ella, du hast allein den Tisch für die Kinder gedeckt. Da können die Kinder gleich essen. Dankeschön! Und nun kannst du in den Garten gehen."	***Nuanciertes Feedback*** – stärkt das positive Selbstbild

Reaktion der Eltern:
Beide stellen erleichtert fest, dass sie nun verstanden haben, dass Ella so gerne im Kontakt ist. Sie nehmen sich vor, diese Kontaktmomente bewusster wahrzunehmen und gegebenenfalls herzustellen, um ***Anschluss*** **zu haben, bevor sie Ella sagen, wann sie was tun soll.**

Die Mutter fügt noch hinzu, dass sie nun auch verstanden hat, dass sie Ella viel zu große Aufträge gibt. Den Eltern fallen gleich viele Momente im häuslichen Alltag zum Ausprobieren ein. Die Fachkraft ***bestätigt*** dies und sagt: „Dann hat Ella die besten Chancen, wenn sie auch zu Hause diese Unterstützung bekommt."

Sie unterhalten sich noch eine ganze Weile. Zum Ende des Gesprächs überreicht die Fachkraft den Eltern ein Foto aus dem Video, auf dem zu sehen ist, wie Ella ihre Mutter anlächelt. Die Eltern sind entspannt, verabschieden sich und bedanken sich sichtlich berührt für das Gespräch.

Abholsituation 2 Wochen später:
Die Mutter betritt die Kita, wieder läuft Ella zu ihr. Die Mutter lächelt Ella liebevoll an. Jetzt schaut die Mutter zur anwesenden Fachkraft. Diese nickt freundlich.

Die Mutter begleitet Ella sprachlich in jedem Moment mit freundlicher Stimme, bis Ella angezogen ist und freudig mit der Mutter die Kita verlässt.

Hier ein Ausschnitt des entstandenen Dialoges zwischen Ella und ihrer Mutter.

Was zeigen die Bilder?	**Marte Meo Element**
Mutter: „Ella, komm, wir gehen zu deiner Garderobe. Ich helfe dir beim Anziehen." Ella: „Ja, Garderobe."	***Positiv Leiten*** – sie sagt, was Ella tun kann.
Mutter: „Welche Jacke ist denn deine, Ella? Ist sie rot ... ist sie rosa?" Ella: „Mama, die da, die ist pink." Ella lacht die Mutter an. Mutter: „Na, dann nimm mal die pinke Jacke. Ich helfe dir ... erst der eine Arm ... ja, genau."	***Positiv Leiten – benennen – bestätigen***
Ella: „Noch ein Arm." Mutter: „Ja, noch ein Arm. Prima, du bist sehr geschickt".	***Positiv Leiten – benennen – bestätigen/ nuanciertes Feedback***

Reaktion der Mutter:
„Das hat mir so geholfen zu *sehen*, was Ella braucht."

Die Eltern haben ihre Videoclips für interne Marte Meo Fortbildungen und interne Elternabende gerne freigegeben.

4.3 Extrazeit für die Eingewöhnung

HEIKE BÖSCHE

4.3.1 Verhaltensbeschreibung durch die pädagogische Fachkraft

Tamires, 1;8 Jahre, ist in der 8. Woche in der Kita. Die Eingewöhnung ist erfolgreich und die pädagogischen Fachkräfte berichten, dass Tamires im Kita-Alltag und der Gruppe gut angekommen ist. Sie ist ein fröhliches, interessiertes Kind. Die Mutter ist alleinerziehend und in einer schwierigen privaten Situation. Es war von Anfang an sichtbar, dass die Mutter „Extraunterstützung" bei Tamires' Eingewöhnung benötigt. Sie ist einverstanden, dass die morgendliche Situation gefilmt wird.

Exkurs

Diese Kita hat ein eigenes „Eingewöhnungsprogramm" entwickelt. Die Fachkräfte dieser Einrichtung bedienen sich unterschiedlicher Modelle in Kombination mit ihren eigenen Erfahrungen. Auch Marte Meo ist, ganz besonders in der Zusammenarbeit mit den Eltern, ein wichtiger Baustein.
Auf mein Anraten:

- hat die Kita gleich am Eingang der einzelnen Gruppenräume einen gemütlichen Platz für die neuen Eltern und Kinder geschaffen. So wissen sie vom ersten Tag an, wo sie sich platzieren können.
- Damit sich sowohl die Eltern als auch die Kinder schon einmal an diesen Platz gewöhnen können, findet hier auch das Erstgespräch mit der Familie statt.

Tipp

Allgemeine Information zur Eingewöhnung
Die Eltern erfahren vor dem ersten Tag der Eingewöhnung, dass sie ein wichtiger Teil der Eingewöhnung sind und eine besondere Aufgabe haben:

- ***aufmerksam warten*** und
- der Initiative ihres Kindes folgen
- „ein freundliches Gesicht zeigen" – was mindestens genauso wichtig ist.

Auch werden die Eltern darauf aufmerksam gemacht, nichts mit in die Kita zu bringen, was sie ablenkt, und in dieser Zeit auf Handy, Zeitung, Strickzeug oder ähnliches zu verzichten. Die volle Aufmerksamkeit gehört dem Kind!

Die meisten Eltern reagieren überrascht, was sich wie folgt erklären lässt: Auf den Hinweis der Fachkraft: „Wenn Sie aufmerksam sind, dem Tun Ihres Kindes folgen und ein gutes, freundliches Gesicht zeigen, wenn Ihr Kind sie anschaut, bekommt Ihr Kind die Botschaft: ‚Hier ist alles gut, meine (z. B.) Mama zeigt mir grade: alles ok, ich kann entspannen und weiter explorieren'." reagieren die Eltern tief berührt. Er verdeutlicht ihnen die Wichtigkeit ihrer aufmerksamen, aber zurückhaltenden Anwesenheit. Den meisten Eltern war bis dahin gar nicht bewusst, dass sich ihre Kinder „mit so einem Blick" bei ihnen „rückversichern", dass alles ok ist.

Oft fordern Eltern – gut gemeint – ihre Kinder geradezu aktiv dazu auf, mit ihnen in Kontakt zu treten. Dabei geht es für das Kind in der Eingewöhnung wesentlich darum, mit anderen Kindern und den Fachkräften in Kontakt zu kommen. Für diese Information zeigen sich Eltern oft dankbar. Der erste Schritt zur gemeinsamen Eingewöhnung des Kindes ist getan.

Die Eingewöhnung kleiner Kinder und ihrer Eltern ist eine hochsensible Situation und von besonders emotionaler Qualität. Das erste Mal weg von Zuhause und der vertrauten Umgebung, wie Maria Aarts zu sagen pflegt: „dem Zirkel der Liebe". In dieser Situation ist es wichtig, die Eltern und ihr Verhalten im Blick zu haben. Sie wollen sicher das Beste für ihr Kind.

Aus meiner Sicht geht es in erster Linie darum, den Eltern durch entwicklungsorientierte, präzise Information das sichere Gefühl zu vermitteln: „Hier seid ihr *und* euer Kind gut aufgehoben." Das ist die beste Voraussetzung für die Eltern, ihre Kinder zu unterstützen, sich im neuen Alltag der Kindertagesbetreuung zurechtzufinden und wohlzufühlen. „Denn es ist die Qualität der Interaktionen, die die Entwicklung unterstützt und Möglichkeiten für Wachstum und Wohlbefinden schaffen kann." (Maria Aarts)
Kommen wir nun zu Tamires und ihrer Eingewöhnung.

4.3.2 Die Entwicklungsbotschaft lesen – Checklisten

Da der Blick in diesem Beispiel in erster Linie auf Tamires' Mutter gerichtet wird, entfällt der Punkt „Checkliste" an dieser Stelle.

4.3.3 Die Videoanalyse

Beschreibung der Filmsequenz
Die Videoaufnahme startet mit dem Eintritt Tamires und ihrer Mutter in den Gruppenraum. Die Mutter nimmt Tamires an die Hand. Tamires schaut aufmerksam durch den Raum und beobachtet zwei ca. 2-jährige Mädchen beim Bauen mit Holzbausteinen.

Die Fachkraft ist gleich aufmerksam und begrüßt zunächst Tamires mit freundlichem Ton und freundlichem Gesicht. Tamires schaut die Fachkraft offen und entspannt an und winkt. Die Fachkraft sagt: „Du winkst mir zu, ich winke zurück zu dir." Beide lächeln sich an. Dann wendet sich die Fachkraft mit einem „Guten Morgen, Frau Z." der Mutter zu. Die Mutter lächelt zurück. Nun sagt die Fachkraft: „Tamires schaut den beiden Mädchen beim Bauen zu. Das interessiert sie." Zu Tamires sagt sie: „Mia und Ida bauen mit bunten

Holzbausteinen.“ Tamires löst sich von der mütterlichen Hand und geht zielstrebig auf die Mädchen zu. Sie setzt sich mit etwas Abstand zu den Mädchen auf den Boden. Als die Mutter Tamires folgt, sagt die Fachkraft: „Frau Z., ich denke, Sie können es sich noch einen Moment in unserer gemütlichen Ecke bequem machen, bevor Sie sich verabschieden.“ Die Mutter lächelt und folgt dieser Empfehlung. Tamires schaut, wie ihre Mutter sich dort hinsetzt. Die Fachkraft sieht dies und sagt: „Die Mama macht es sich noch einen Moment bequem und schaut dir noch etwas zu, bevor ihr euch gleich verabschiedet.“ Tamires lächelt und wendet sich sofort wieder den beiden Mädchen zu.

Die Fachkraft lächelt Tamires an und setzt sich neben die Mutter. Sie benennt ihr Tun mit freundlichem Ton. Nun beginnt die Fachkraft für die Mutter zu ***benennen***: „Schauen Sie, Frau Z., Tamires ist schon mitten im Spiel. Sie baut auch mit den Bausteinen. Und ... jetzt lächeln die Beiden, Mia und Tamires, sich an. Tamires hat so gerne Kontakt mit anderen Kindern.“ Die Mutter antwortet: „Tamires schaut mich gar nicht an. Als hätte sie mich vergessen.“ Die Fachkraft berührt die Mutter in liebevoller Geste an der Schulter und sagt: „Es ist gar nicht so einfach, wenn die Kleinen sich von der Mama entfernen. Ein normaler Entwicklungsschritt. Sehen Sie, Tamires hat nun schon erkannt, dass es interessant ist, mit anderen Kindern zusammenzusein. Sehen Sie in ihr Gesicht, sie ist konzentriert. Jetzt braucht sie genügend Raum, um erst einmal zu schauen.“

Marte Meo Elemente für die pädagogische Fachkraft:

Marte Meo Element **Die Fachkraft ...**	**Bemerkung**
zeigt ein freundliches Gesicht	*sorgt für Atmosphäre*
benutzt eine freundliche Sprache	*sorgt für Atmosphäre*
benennt Tamires Handlung	*Kontakt/Wahrnehmung/Sprache*
benennt Tamires Handlung für die Mutter	*Signale des Kindes hervorheben*
benennt Tamires Handlung für die Mutter	*Welt des Kindes groß machen*
verhält sich vorhersagbar	*Vorbereitung auf den nächsten Schritt: die Verabschiedung*
schließt an die Gefühlswelt der Mutter ***an***	*die Mutter fühlt sich gesehen*
sagt der Mutter, was in Tamires vorgeht und was sie braucht – ***Positiv Leiten***	*gibt der Mutter Sicherheit in ihrer Reaktion auf Tamires*

Nach einiger Zeit verabschiedet sich die Mutter wie jeden Morgen mit einem Kuss von Tamires. Tamires ist auf dem Arm der Erzieherin, genießt den Kuss und winkt lächelnd ihrer Mutter zu. Die Mutter wendet sich zum Gehen, kommt sogleich nochmal zurück und küsst ihre Tochter ein zweites Mal. Tamires lacht und winkt. Die Mutter geht und ist kurz darauf am Fenster zu sehen. Tamires sieht sie und beginnt zu weinen. Das sieht die Mutter, sie kommt besorgt zurück und sagt: „Ich wusste ja, dass sie wieder weint.“

4.3.4 Resümee Marte Meo Entwicklungsdiagnose

Was ist schon entwickelt?	Tamires nimmt Blickkontakt mit ihrer Bezugsbetreuerin auf. Sie zeigt Interesse an den Kindern und ihrem Spiel. Sie kann sich von ihrer Mutter lösen und anderen Kindern zuwenden.
Wo braucht Tamires noch Unterstützung?	Bei der Verabschiedung braucht Tamires mütterliche Struktur und eine klare Verabschiedung.
Was kann die Fachkraft tun?	*Wann:* bei der Verabschiedung *Was:* ***Positiv Leiten*** der Mutter *Wozu:* Tamires lernt klare Abläufe kennen und erfährt, dass es okay ist, sich zu verabschieden. Das *Wozu* für die Mutter: Sie erfährt, was Tamires braucht und was sie tun kann. So lernt sie eine Verabschiedungsstruktur.

4.3.5 Arbeitspunkte für die pädagogische Fachkraft

Hier konzentriert sich der Marte Meo Blick auf die Verabschiedung von Tamires.

***Linking up* nutzen, um den Blick der Mutter auf die Initiativen und das Wohlbefinden ihrer Tochter zu lenken**

Wann: Gleich nach der Begrüßung .

Was: ***Linking Up***. Die pädagogische Fachkraft beschreibt für die Mutter genau das ausgeglichene Verhalten des Kindes und lenkt so die Aufmerksamkeit der Mutter auf das Verhalten ihres Kindes.

Wozu: So kann die Mutter deutlicher erkennen, wann ihr Kind „fertig ist für die Verabschiedung".
Die Mutter lernt ihre Tochter noch besser kennen und wird sicherer in ihrem eigenen Verhalten.

Auch *Positiv Leiten* ist für die Fachkraft hilfreich, um die Mutter zu unterstützen im Verabschiedungsmoment das passende Verhalten zu zeigen

Wann: Wenn Tamires zeigt, dass sie bereit ist sich zu verabschieden

Was: Die Fachkraft ***macht*** diesen Moment durch Beschreiben der ***Situation*** für die Mutter ***groß*** und sagt der Mutter das sie sich nun verabschieden kann

Wozu: Die Mutter lernt ihre Tochter noch besser kennen, erfährt genau was sie in welchem Moment tun kann und wird sicherer in ihrem eigenen Verhalten.

4.3.6 Wie es weitergeht – der Marte Meo Folgefilm

Eine Woche später filmt die pädagogisch Fachkraft die morgendliche Bringsituation erneut.

Es ist gut zu sehen, dass die Mutter die nun neu erlernten Verhaltensweisen einsetzt. Sie blickt freundlich, schaut genau, was Tamires tut, und folgt ihrer Initiative. Als Tamires in den Gruppenraum läuft, sich noch einmal umdreht und ihrer Mutter zuwinkt, winkt die Mutter zurück, schaut die Erzieherin an und geht lächelnd zur Ausgangstür.

Genau diese Sequenz wird ihr von der Marte Meo Fachberaterin gezeigt.
Der Moment, in dem Tamires winkt und die Mutter mit fröhlichem Blick anschaut, wird in einem Standbild festgehalten. Die Marte Meo Fachberaterin zeigt ganz genau Tamires' Gesicht und beschreibt ihre Leichtigkeit und Freude. Dann zeigt sie der Mutter ihr eigenes Gesicht. Sie berichtet ihr, was ihr Strahlen und Lächeln für Tamires bedeutet: „Mama freut sich mit mir. In diesem Moment ist alles ok. Jetzt kann ich gehen."

Die Mutter ist erfreut und auch stolz, dass sie es nun schafft, Tamires „gehen zu lassen". Sie schaut die Marte Meo Fachkraft an und sagt: „Sehen Sie, ich gehe, ich sehe, dass es meiner Kleinen grade gut geht und ich...ich brauche nun keinen Extrakuss mehr."

4.3.7 Das Marte Meo Elterneinladungsprogramm

Für das Elterneinladungsprogramm bereitet die Marte Meo Fachberaterin zwei Szene aus dem vorhandenen Clip vor.

1. Szene:
Tamires schaut zwei Mädchen beim Bauen zu und läuft zu den beiden.
Die Fachkraft nutzt diesen Clip, um der Mutter deutlich zu zeigen, dass Tamires nun schon offen und interessiert ist für das Spiel anderer Kinder. Sie verweist auf Tamires' entspannten Gesichtsausdruck und genießt dieses Bild mit der Mutter gemeinsam.

> *Reaktion der Mutter:*
> Die Mutter ist sichtlich überrascht, als sie sieht, dass Tamires, wie sie sagt, ihre Hand „von ganz allein" loslässt. Sie kann es nun das erste Mal annehmen, dass Tamires sich in diesem Moment von ihr gelöst hat, um zu den Kindern zu laufen.

2. Szene:
Die 2. Szene zeigt die erste Verabschiedung der Mutter, als Tamires den mütterlichen Kuss genießt und zum Abschied winkt.

Die Fachkraft nutzt diesen Clip, um der Mutter Schritt für Schritt den Ablauf der Verabschiedung deutlich zu machen und zu zeigen, wie positiv Tamires auf die Handlung der Mutter reagiert.

Reaktion der Mutter:
Die Mutter erkennt sofort, dass Tamires gut mit dieser klaren Art der Verabschiedung umgehen kann, und sagt: „Das mit dem 2. Kuss braucht Tamires gar nicht … sie war ja ‚fertig' für die Verabschiedung. Ohje, daran muss ich mich wohl gewöhnen. Ich glaube, ich bin noch gar nicht so weit. Den 2. Kuss brauchte wohl eher ich."

Reaktion der Fachkraft:
„Mit Hilfe der Bilder unterstützen wir die Eltern, ihre Kinder und deren Signale deutlicher zu sehen. Gerade in der Eingewöhnung sind die Eltern oft emotional angespannt und gestresst. Sie können die Signale ihrer Kinder kaum wahrnehmen. Wir als pädagogische Fachkräfte müssen uns noch bewusster machen, dass es *unsere* Aufgabe ist, zu erkennen, was Eltern von uns brauchen, welche Unterstützung *wir* ihnen geben können, damit die Eingewöhnung im Eltern-Kind-Zirkel gelingen kann."

4.4 Ankommen und in den Tag finden

ANDREA FOERSTER

4.4.1 Verhaltensbeschreibung durch die pädagogische Fachkraft

Tine, 3;7 Jahre, geht inzwischen seit ein paar Monaten in die Kita und macht auf die Erzieherinnen den Eindruck, dass sie sich dort wohlfühlt. Sie spielt meistens in einer kleinen Gruppe mit denselben Kindern, dort kann sie auch für längere Zeit ausdauernd verweilen. Dennoch berichten die Fachkräfte, dass sie morgens, wenn sie in die Kita gebracht wird, immer wieder weint und nicht in den Gruppenraum kommen will. Die Erzieherin wendet sich ihr dann zu und nach einer gewissen Zeit kann sich Tine von ihr lösen, geht im Raum umher, bis irgendwann ein Spiel mit den Kindern aus der ihr bekannten Kleingruppe beginnt. Diese Situation wiederholt sich, seitdem sie in der Kita ist, und nun will die Erziehrein wissen, was mit Tine los ist.

4.4.2 Die Entwicklungsbotschaft lesen – Checklisten

Die Erzieherin von Tine war zu der Zeit in der Marte Meo Praktiker Ausbildung und filmte eine *freie Spielsituation*. Diese ist geeignet, um herauszufinden, welche Spielfähigkeiten Tine bereits entwickelt hat. Diese Spielfähigkeiten braucht sie, um mit anderen Kindern gemeinsam zu spielen. Gegebenenfalls wird aus dem Filmclip jedoch auch deutlich, wo es ihr noch nicht so gut gelingt. Hier würde dann die spezielle Entwicklungsunterstützung der pädagogischen Fachkraft ansetzen.

Wahl der Filmsequenz
Grundlage für die Analyse war ein Filmclip (2:25 Minuten), welcher eine Spielsituation in einer Kleingruppe zeigt.

Beschreibung der Filmsequenz
Tine sitzt mit Robin (4;2 Jahre) und Greta (3;4 Jahre) auf dem Boden, sie spielen mit Tierfiguren. Dazu haben sie einige Kartons geholt.

Ausschnitt aus dem im Clip zu sehenden Spiel

Robin: „… die können jetzt hier schlafen." (schaut dabei in seine Kiste mit den Tieren)

Greta: „Aber wo ist das Futter?" (schaut sich um, schaut dann zu Robin)

Tine: (Schaut auf das Schaf in ihrer Hand, macht Schmatzgeräusche. Die anderen beiden schauen auch auf das Schaf in Tines Hand)

Greta: (an Robin gewandt) „Wir brauchen ganz viel Futter für alle Tiere."

Robin: (nimmt den Traktor mit Anhänger, macht Traktorgeräusche und sagt:) „Futter, Futter, Futter, kommt."

Tine: (folgt dem Geschehen mit dem Blick, lächelt, spricht nicht)

Robin: (zu Tine:) „Dein Schaf auch."

Tine: (nickt mit dem Kopf, hält ihr Schaf in der Hand. Dann beobachtet sie weiter Robins Spiel mit dem Traktor und schaut zu, wie Gretas Tiere fressen.)

Greta: „Alle sollen essen." (macht laute Schmatzgeräusche und lacht in Richtung Tine)

Tine: (lächelt in Gretas Richtung, macht einmal ganz leise ein Schmatzgeräusch)

Robin: „Und ganz viel Futter kommt." (macht Taktorgeräusche)

Greta: „Oh nein, gleich fährt der die um." (lacht in Robins Richtung)

Tine: (folgt den Beiden mit dem Blick und lächelt)

In der Marte Meo Supervision nutze ich als Nächstes die Checkliste *Spielfähigkeiten* und schaue dabei genau auf die bisherige Entwicklung von Tine. Dabei kommt es darauf an, auszuwählen, welche Punkte der Checkliste bei dem konkreten Fall zunächst im Fokus stehen sollten, da wir nicht gleichzeitig alle Aspekte in den Blick nehmen können. Die Checkliste ist die Grundlage für die Erstellung einer Marte Meo Entwicklungsdiagnose.

Bei Tine achten wir in der Videoanalyse auf die folgenden Aspekte:

- Hat Tine eigene Spielinitiativen?
- Benutzt sie Wörter oder andere Signale, um mit den Kindern in Kontakt zu kommen?
- Kann sie dem Spielgeschehen der anderen Kinder folgen

4.4.3 Die Videoanalyse

In der ersten Videoanalyse achten wir darauf, was genau in den Bildern zu sehen ist, welche Handlungen und welche Interaktionen wir beobachten und welche Unterstützungsmöglichkeiten sich ergeben.

Was zeigen die Bilder?	Worauf achte ich als Marte Meo Supervisorin?	Information zur Entwicklungsunterstützung
Tine setzt sich zu zwei anderen Kindern, die ein Spiel mit Tierfiguren begonnen haben, und folgt deren Spiel, indem sie auch eine Figur in die Hand nimmt, Blickkontakt zu Robin und Greta herstellt und häufig lächelt. Sie folgt den Spielinitiativen der beiden Kinder und kann, wenn auch sehr leise, ***Anschluss*** an deren Ideen ***finden***. Sie wirkt entspannt und scheint Freude an dem Spielkontakt zu haben.	Zunächst ist es von Bedeutung, zu schauen, ob Tine in dem gemeinsamen Spiel an die ***Initiativen*** der anderen Kinder ***anschließen*** kann und ob sie die eigenen ***Initiativen benennt***. Es ist zu sehen, wie Tine auf die Frage „Wo ist das Futter?“ mit Schmatzgeräuschen reagierte. Hier konnte ich aufzeigen, dass Tine in diesem Moment die ***Initiative*** von Robin registriert, ihr folgt und ***Anschluss herstellt***, indem sie das Geräusch wiederholt. Allerdings war dies sehr leise und wurde von den anderen Kindern nicht wahrgenommen. In der Supervision ist es mir wichtig, mit Tines Erzieherin herauszuarbeiten, was im Alltagsgeschehen nicht so offensichtlich ist. Das zu sehen, bedeutet, zu erkennen, worum es eigentlich geht und die passende Unterstützung für Tine zu geben.	Für Tine wäre es in solchen Momenten wie der oben beschriebenen freien Spielsituation hilfreich, wenn die Erzieherin ***Initiativen*** benennt, wie z. B.: „Du hast ein Schaf in der Hand.“ Oder in dem Moment, in dem Tine das Schmatzgeräusch macht, dem folgt und ebenfalls ***benennt***: „Ah, dein Schaft frisst auch von dem Futter.“ So fühlt sich Tine im Spiel wahrgenommen und gleichzeitig macht die Erzieherin die anderen Kinder auf Tines ***Initiative*** aufmerksam. Dadurch wird Tine für die anderen Kinder sichtbarer und es entstehen Möglichkeiten, sie ins Spiel einzubinden. Nur dann, wenn sie entwickeln kann, sich und ihre Ideen im Spiel zu präsentieren, wird sie von anderen Kindern deutlicher als Spielpartnerin wahrgenommen, so dass gemeinsames Spielen möglich wird.

4.4.4 Resümee Marte Meo Entwicklungsdiagnose

Was ist schon entwickelt?	Tine kann ***Spielinitiativen*** von anderen wahrnehmen und diesen ***folgen.*** Sich freuen am gemeinsamen Spiel (Freude teilen)
Wo braucht Tine noch Unterstützung?	Tine braucht Unterstützung dabei, ***eigene Initiativen zu benennen,*** Spielideen und Spielhandlungen zu entwickeln und einzubringen.
Was kann die Fachkraft tun?	*Wann:* Wenn Tine eine Initiative hat, *Was:* diese ***benennen*** *Wozu:* Sie erfährt, dass ihre Ideen bedeutsam sind, und kann lernen, sich selbst mit Spielideen darzustellen und zu präsentieren; sie wird für andere Kinder interessant als Spielpartnerin

In der Supervision war es möglich, mit Tines Erzieherin einen genauen Blick darauf zu werfen, was die Entwicklungsbotschaft hinter dem Verhalten von Tine war. Die erste Annahme, Tine sei noch nicht in der Gruppe angekommen und könne sich daher nicht von der Mutter lösen, bestätigte sich nach der Entwicklungsdiagnose mit Hilfe der Checkliste *Spielfähigkeiten* nicht.

Ich konnte der Erzieherin anhand der Bilder von einzelnen Interaktionsmomenten im Film konkret zeigen, was zu sehen ist. Dadurch, dass Tine dem Spielgeschehen aufmerksam folgte und den Spielpartnern ein freundliches Gesicht zeigte, machte sie deutlich, dass sie Interesse an dem Spiel hat. Ihr Lächeln offenbarte die emotionale Verbundenheit mit dem Spiel und den Spielpartnern. Nur war im Review auch zu erkennen, dass sie die Spielhandlungen noch nicht sprachlich begleitete. Sie war sprachlich zurückhaltend, redete auch in anderen Spielsituationen kaum, obwohl sie über entsprechende Sprachkenntnis verfügte. Daher wurde sie von anderen Kindern wenig wahrgenommen und in deren Spiel eingebunden.

4.4.5 Arbeitspunkte für die pädagogische Fachkraft

Jede Marte Meo Entwicklungsdiagnose beinhaltet die Erarbeitung eines konkreten Auftrages für das pädagogische Handeln der Fachkraft. Damit sollen im Review die Momente für die Entwicklungsunterstützung in den Blick genommen werden.

Tine im freien Spiel sprachlich zu begleiten, ihrem Tun und dem Handeln der anderen Kinder Worte geben, damit sie Sicherheit und Selbstvertrauen gewinnt.

Wann: im freien Spiel.
Was: Tines Tun und dem Handeln der anderen Kinder durch **Benennen** Worte geben
Wozu: *Um Tine Sicherheit und Selbstvertrauen zu geben und die* Interaktionsqualität zu verbessern

In der der Supervision von Tines Erzieherin haben wir uns nochmal einzelne Sequenzen des oben genannten Filmes angeschaut und gemeinsam erarbeitet, wie konkret Tines Erzieherin durch das ***Benennen*** die Interaktionsqualität verbessern kann. Durch die beispielhaft geführten Dialoge kann das ***Benennen*** eingeübt werden:

Robin:	„Die können jetzt hier schlafen." (schaut dabei in seine Kiste mit den Tieren)
Greta:	„Aber wo ist das Futter?" (schaut sich um, schaut dann zu Robin)
Tine:	(schaut auf das Schaf in ihrer Hand, macht Schmatzgeräusche. Die anderen beiden schauen auch auf das Schaf in Tines Hand)
Erzieherin:	„Du hast auch ein Schaf in der Hand und das frisst gerade. Greta und Robin schauen auch nach deinem Schaf und hören, wie es frisst."
Greta:	(an Robin gewandt) „Wir brauchen ganz viel Futter für alle Tiere."
Robin:	(nimmt den Traktor mit Anhänger, macht Traktorgeräusche und sagt:) „Futter, Futter, Futter, kommt."
Tine:	(folgt dem Geschehen mit dem Blick, lächelt, spricht nicht)
Erzieherin:	„Du schaust genau, was Robin macht, und freust dich, dass noch mehr Futter für dein Schaf kommt."
Robin:	(zu Tine) „Dein Schaf auch."
Tine:	(nickt mit dem Kopf, hält ihr Schaf in der Hand. Dann beobachtet sie weiter Robins Spiel mit dem Traktor und schaut zu, wie Gretas Tiere fressen)
Erzieherin:	„Dein Schaf hat auch Futter bekommen."
Greta:	„Alle sollen essen." (macht laute Schmatzgeräusche und lacht in Tines Richtung)
Tine:	(lächelt in Gretas Richtung, macht einmal ganz leise ein Schmatzgeräusch)
Erzieherin:	„Oh, deinem Schaf schmeckt es auch gut."
Robin:	„Und ganz viel Futter kommt." (macht Taktorgeräusche)
Greta:	„Oh nein, gleich fährt der die um." (lacht in Robins Richtung)
Tine:	(folgt den Beiden mit dem Blick und lächelt)

4.4.6 Wie es weitergeht – der Marte Meo Folgefilm

Im Anschluss an den im Review festgelegten Auftrag wird die Vereinbarung für den Folgefilm getroffen. Hier kann für das nächste Review verdeutlicht werden, wie konkret die pädagogische Fachkraft den Auftrag umgesetzt hat, aber insbesondere auch, wie Tine darauf reagiert hat. Gegebenenfalls wird sich daraus wieder eine Vereinbarung für einen weiteren Folgefilm ableiten, so dass sich der Entwicklungsverlauf verdeutlichen lässt.

Nachdem die Erzieherin Tine entsprechende Entwicklungsunterstützung angeboten hat, konnte sie zunehmend häufiger ihr Spiel ***benennen***, wurde sicherer und konnte auf ihre Spielpartner eingehen. Tine erlebte sich als selbstwirksam in ihrem Spiel und schaffte es, dies auch in andere Situationen des Alltags zu übertragen. Dadurch reduzierte sich ihre Anspannung zu Beginn des Tages, die sie durch das Klammern an ihre Mutter ausdrückte, was nach einiger Zeit kaum noch auftrat.

4.4.7 Das Marte Meo Elterneinladungsprogramm

Tines Erzieherin war in der Ausbildung zur Marte Meo Praktikerin. Hier steht zunächst im Fokus, dass die Erzieherin durch ihr eigenes Handeln verdeutlicht, wie sie Tine unterstützt. Dadurch ist sie Modell für die Eltern und lädt sie ein zur Kooperation.

Beispiel Ankommenssituation
Tine ist noch unsicher, steht bei der Mutter.
Hier sollte die Erzieherin Tine ***folgen*** und ***benennen***, was gerade geschieht. Sie hat somit die Möglichkeit, sich ohne innere Anspannung mit der Situation am Morgen vertraut zu machen und sich in ihrem eigenen Tempo von der Mutter zu lösen.

Die Erzieherin könnte sagen:
„Ah, du möchtest noch ein bisschen hier stehen."
„Du schaust, wer schon da ist."
„Robin und Greta haben sich die Holztiere geholt."

Die Mutter erhält damit durch die Erzieherin erste Impulse durch das ***Folgen*** und ***Benennen***. Sie kann erkennen, dass es so für ihre Tochter leichter ist, in den Tag zu kommen. Denn Tine kann nun „aus eigener Kraft" den nächsten Entwicklungsschritt machen.

In dem Beispiel verlief es so, dass die Erzieherin im Rahmen der Marte Meo Supervision ihr Handeln entsprechend eingesetzt hat. Schon nach wenigen Tagen fand Tine leichter in den Kita-Alltag und die „Bringsituation" wurde entspannter.

> Die Mutter berichtete: „Ich dachte, immer, es wäre gut, wenn ich Tine Vorschläge mache, mit wem sie spielen könnte. Aber die Erzieherin hat es anders gemacht, ich war überrascht, dass so zu erleben. Ich habe mich so sehr gefreut, als Tine dann morgens das erste Mal zu einem anderen Kind ging, erst zuschaute und dann mitspielte. Ich war wirklich erleichtert."

Wäre die Erzieherin in der Fachberater-Ausbildung, hätte sie ein Review genutzt, um vertiefende Informationen zu geben und um gemeinsam mit den Eltern Vereinbarungen zu treffen, wie die weitere Unterstützung in der Kita und im Elternhaus aussehen könnte.

4.5 Freispiel

ANDREA FOERSTER

4.5.1 Verhaltensbeschreibung durch die pädagogische Fachkraft

Maximilian, 4;1 Jahre. Im Rahmen einer Marte Meo Supervision thematisierten die pädagogischen Fachkräfte Fragen zu seinem Verhalten, damit sie ihn in der Kita besser verstehen und ihn entsprechend unterstützen können. Von den Fachkräften des Teams hatten zu dem Zeitpunkt zwei eine abgeschlossene Marte Meo Praktiker Ausbildung, ein Kollege befand sich in der Ausbildung zum Fachberater.

Die pädagogischen Fachkräfte beschrieben Maximilian als ein sehr unruhiges Kind, welches Spielideen entwickelt, aber nie lange bei einer Sache bleibt. Er wechselt am Vormittag häufig die Situation oder den Raum, um einem anderen Spiel nachzugehen, welches er dann ebenfalls nach kurzer Zeit wieder verlässt. Er hat keine Freunde, die anderen Kinder schicken ihn häufig weg, weil sie ihn nicht beim Spielen dabeihaben wollen. Er reagiert darauf häufig, indem er etwas kaputt macht oder verbal laut wird und die anderen Kinder beschimpft. Manchmal schubst oder boxt er die Kinder auch.

Die pädagogischen Fachkräfte äußerten die Sorge, dass sich Maximilians Verhalten manifestieren und er häufiger aggressives Verhalten zeigen könnte. Daher waren sie auf der Suche nach weiteren Möglichkeiten, ihn zu unterstützen. Sie hatten in der Vergangenheit immer wieder seine Initiativen benannt und dabei bemerkt, dass er währenddessen bei dem Spielgeschehen blieb. Allerdings dann, wenn die Fachkraft das Geschehen verließ, ging er ebenfalls weg und beendete das Spiel.

4.5.2 Die Entwicklungsbotschaft lesen – Checklisten

Auch hier haben wir zunächst eine *freie Spielsituation* analysiert, um die Kooperationsfähigkeiten im Spiel von Maximilian in den Blick zu nehmen.

Wahl der Filmsequenz

Grundlage für die Analyse war ein Filmclip (3:15 Minuten), welcher eine Spielsituation in einer Kleingruppe zeigt.

Beschreibung der Filmsequenz

Drei Jungen, Theo (3;11), Lasse (4;9) und Noah (5;1), haben sich aus Schachteln, Pappen, Röhren Raumschiffe gebaut und machen damit „Flugübungen". *Maximilian* kommt dazu.

Ausschnitt aus dem im Clip zu sehenden Gespräch:

Maximilian: „Was soll das denn sein? So ein komisches Ding kann doch nicht fliegen!"
Lasse: „Der ist superschnell und kann bis zum Mond fliegen."
Theo: „Meiner ist noch viel schneller, der kann auch zum Mond fliegen."
Maximilian: „Ist das ein Flugzeug, oder was? Oder soll das etwa ein Raumschiff sein?"
Lasse: „Nein, Raumschiff, aber mit Kanonen, damit der zum Mond kann."
Maximilian: „Ich habe zu Hause ein riesengroßes Raumschiff, mit ganz vielen Kanonen zum Abschießen." (macht dazu schießende Geräusche)
Noah: (macht Fluggeräusche) „Der kommt jetzt hier von oben, Achtung, Theo, du kannst hinter mir fliegen, Lasse du auch."
Lasse: „Sonst knallen die zusammen." (macht krachende Fluggeräusche. Lasse, Theo und Noah gehen hintereinander und „fliegen", um nicht zusammenzustoßen)
Maximilian: (steht etwas abseits) „Mein Raumschiff zu Hause kann noch viel höher, über alle drüber, das kann auch alle abschießen." (macht wieder Schießgeräusche)
(Lasse, Theo und Noah setzen ihr Spiel mit den gemeinsamen Flugübungen weiter fort, machen alle drei Fluggeräusche)
Maximilian: „Die schaffen das gar nicht zum Mond" (verlässt die Situation und sucht nach einem anderen Spiel)

Mit Hilfe des Einsatzes der Checkliste *Kooperationsfähigkeiten* ist es möglich, den Fokus neben den Spielfähigkeiten, insbesondere auf die Kooperationsfähigkeiten zu legen. Da wir Maximilian beim Spiel in einer Kleingruppe gesehen haben, können wir so analysieren, inwieweit er ein gemeinsames Spiel entwickeln und aufrechterhalten kann und welche Unterstützung er noch braucht.

Wir nehmen dabei aus der umfangreichen Checkliste *Kooperationsfähigkeiten* zunächst die folgenden Aspekte in den Blick:

- Kann Maximilian eigene Spielideen ***benennen***?
- Kann er die Spielinitiativen anderer wahrnehmen und sich in den Ideen ***abwechseln***?
- Kann er den anderen Kindern Raum für deren Spielideen geben und sie ***bestätigen***?

4.5.3 Die Videoanalyse

Was zeigen die Bilder?	Worauf achte ich als Marte Meo Supervisorin?	Information zur Entwicklungs-unterstützung
Maximilian geht auf die Kinder einer Spielgruppe zu, die bereits ein Spiel begonnen haben. Er zeigt Interesse an deren Tätigkeit und versucht, durch sprachliche Initiativen inhaltlich an das Spielthema anzuknüpfen, um sich so in das Spiel einzubringen. Dabei ***benennt*** und präsentiert er seine eigenen Ideen mit Worten und Spieltönen	Wir analysieren, wie Maximilian versucht, mit den anderen Kindern in Kontakt zu kommen. Dabei achten wir darauf, ob und wie er die Spielideen der anderen Kinder registriert und auch mit welchen Worten, welchen Tönen er deren Initiativen aufgreift. Ist es ihm möglich, an die Spielidee von den anderen Kindern mit den fliegenden Raumschiffen und Flugzeugen anzuknüpfen? Dazu schauen wir auch, ob es ihm möglich ist, einen Moment im eigenen Tun innezuhalten, um den Ideen der anderen zu ***folgen***, damit ein ***Abwechseln*** ermöglicht wird. Dieses ***taking turns*** ist für kooperatives Spielen wichtig und würde es Maximilian ermöglichen, in ein konstruktives Spielen mit den anderen zu kommen.	Es ist zu sehen, dass Maximilian entwickelt hat, auf andere Kinder zuzugehen. Um mit anderen Kindern zu einem konstruktiven Spiel zu kommen, wäre es jedoch hilfreich, wenn er zunächst deren ***Initiative bestätigen*** und daran ***anschließen*** könnte. Dies könnte sein Bezugserzieher tun, indem er ***bestätigt:*** „Maximilian beobachtet genau, wie hoch ihr fliegen könnt." Damit erfährt zum einen Maximilian, dass er mit seinem Interesse wahrgenommen wird, zum anderen registrieren die anderen Kinder, dass Maximilian sich für ihr Spiel interessiert. Wichtig bei der Unterstützung von Kooperationsfähigkeiten ist, die Kinder wechselseitig auf deren Initiativen und Emotionen aufmerksam zu machen.

4.5.4 Resümee Marte Meo Entwicklungsdiagnose

Was ist schon entwickelt?	Maximilian nimmt die Initiativen der anderen Kinder wahr. Er ***stellt Anschluss her***, um mit den anderen in Kontakt zu kommen. Er präsentiert die Spielidee „Abschießen".
Wo braucht Maximilian noch Unterstützung?	• Auf die Spielideen der anderen Kinder eingehen und sich ***abwechseln*** • Spielpartner ***bestätigen*** • Entwicklung von weiteren Spielideen und Spielhandlungen
Was kann die Fachkraft tun?	*Wann:* in Spielsituationen mit anderen Kindern *Was:* Maximilians ***Initiativen bestätigen*** und in Verbindung bringen durch ***Benennen*** und ***Hervorheben der Initiativen*** der anderen Kinder, damit ein ***Abwechseln*** gelingen kann; ***linking-up*** *Wozu:* So lernt er, sich mit anderen Kindern abzuwechseln.

4.5.5 Arbeitspunkte für die pädagogische Fachkraft

In der Supervision konnte Maximilians Bezugserzieher erkennen, in welchen Momenten des freien Spiels sich Möglichkeiten für eine Unterstützung ergeben. Das Freispiel ist für manche Kinder herausfordernd, weil sie noch keine ausreichenden Spiel- und Kooperationsfähigkeiten entwickeln konnten und weil sie sich emotional nicht sicher genug fühlen, wenn sie nicht unmittelbar von einer Fachkraft begleitet werden.

Das traf auch auf Maximilian zu, so dass sein Bezugserzieher in einem ersten Schritt zunächst das Handeln des Jungen ***benennen*** und ihn damit ***bestätigen*** wollte. So konnte er sich gesehen, angenommen und sicher in dem jeweiligen Spielkontext fühlen. Im zweiten Schritt ging es darum, auch die ***Initiativen*** der anderen Kinder einzubeziehen, sie zu ***benennen*** und ***hervorzuheben***.

Das Handeln und die Emotionen des Jungen *benennen* und Impulse zum Weiterspielen zu geben

Wann: im freien Spiel
Was: ***benennen*** und ***Impulse*** zum Weiterspielen ***geben***
Wozu: Durch die Verbindung über eigene Spielideen mit den anderen Kindern wird Maximilien eher von ihnen **wahrgenommen**

Die Initiativen und die Emotionen der anderen Kinder zu *benennen* und dadurch für Maximilian sichtbar und erlebbar zu machen.

Wann: im freien Spiel
Was: Die Initiativen der Kinder ***benennen*** und für alle Beteiligten ***sichtbar machen*** können verbunden werden
Wozu: Durch ***Linking up*** nehmen sich die Kinder gegenseitig wahr und können sich im Spiel ***abwechseln.***

Linking up bedeutet bei Marte Meo, die sozialen Informationen durch das ***Benennen hervorzuheben***, da sie sonst für den weiteren Spielprozess als verbindendes Element verloren gehen. Somit ist ***Linking up*** häufig notwendig, damit sich die Kinder gegenseitig wahrnehmen und im Spiel ***abwechseln*** können, also Spielreihen machen. Das nennt Maria Aarts ***taking turns***.

4.5.6 Wie es weitergeht – der Marte Meo Folgefilm

Aus dem Auftrag ***Linking up*** als Resultat der ersten Filmanalyse entstand der zweite Film, der sogenannte Folgefilm für das nächste Review. Mit diesem Folgefilm sollte der Bezugserzieher von Maximilian sein pädagogisches Handeln mit dem Fokus ***Linking up*** in einer ausgewählten freien Spielsituation aufnehmen.

Diese Betrachtung des eigenen Handelns im Rahmen des Reviews zeigte dem Bezugserzieher sehr gut auf, wie sein Handeln wirkte, das heißt, nicht nur die Kinder, auch die Erwachsenen haben die Möglichkeit, Selbstwirksamkeitserfahrungen zu machen, die ihr weiteres Vorgehen entscheidend beeinflussen.

Ausschnitt aus dem Folgefilm (3:50 Minuten):
Melek (4;1) und Yassin (3;11) haben sich im Bewegungsraum aus Schaumstoffelementen und Decken eine Höhle gebaut. Maximilian krabbelt auf allen Vieren um die Höhle und bellt. Maximilians Erzieher begleitet das Spiel, um ihm Entwicklungsunterstützung zu geben.

Es entstand folgende Situation:

Maximilian:	„Wau, Wau, Wau“ (schaut Richtung Höhle) „Wau, Wau ...“ (zieht an den Decken der Höhle)
Erzieher:	„Der Hund bellt vielleicht, weil er spielen will.“ Der Erzieher *folgt der Initiative*, *benennt* und *bestätigt* diese und gibt einen Spielimpuls
Maximilian:	„Wau, Wau ...“ (Das geht eine Weile so; sein Blick ist die ganz Zeit auf den Erzieher gerichtet)
Erzieher:	„Ich denke, der Hund will wirklich sehr gerne spielen.“ Der Erzieher gibt dem „Wauwau“ eine positive Deutung und *benennt* dies. Maximilian hat die Möglichkeit, den Impuls aufzugreifen und weiterzuentwickeln
Maximilian:	„Der hat gaaanz spitze Zähne!“
Erzieher:	„Ja, der hat ganz spitze Zähne. Damit kann der Hund gut einen Ball festhalten, wenn er damit spielt.“ Der Erzieher *folgt* wieder *der Initiative*, bleibt bei seiner konstruktiven Deutung
	(Yassin und Melek schauen aus ihrer Höhle und lächeln Richtung Maximilian)
Erzieher:	(zu Melek und Yassin gewandt:) „Maximilian ist ein Hund mit spitzen Zähnen. Damit kann er beim Spielen sehr gut einen Ball festhalten.“ Indem der Erzieher Maximilians *Initiative benennt* und *hervorhebt*, *bestätigt* er ihn und macht ihn gleichzeitig sichtbar für Yassin und Melek
	(Maximilian hat inzwischen einen Ball geholt, den er mit den Zähnen festhält)
Yassin:	„Ich habe hier noch mehr Bälle. Die kann der Hund auch fangen.“
Erzieher:	„Eine gute Idee. Maximilian, Yassin hat noch mehr Bälle für den Hund.“ Indem der Erzieher Yassins *Initiative benennt* und *hervorhebt*, stellt er eine Verbindung zwischen beiden her, *Linking up*
Maximilian:	(schaut Richtung Yassin) „Der Hund fängt immer gerne Bälle.“ (Yassin holt noch mehr Bälle und wirft sie zu Maximilian, der sie fängt und mit dem Mund hält)
Melek:	(schaut aus der Höhle und ruft:) „Hund, Hund komm her und bring den Ball.“

Erzieher: „Ah, Melek ruft, weil sie gerne mit dem Hund spielen möchte."
Der Erzieher *benennt*, hebt Meleks *Initiative hervor* und bringt sie in Verbindung mit Maximilians Handeln. Dadurch erfährt er *Bestätigung* für seine eigenen Spielideen

Review des Folgefilms und weiterer Auftrag

Durch die Unterstützung des Bezugserziehers mit ***Folgen, Benennen und Linking up*** hatte Maximilian die Möglichkeit, seine eigenen Initiativen als konstruktiv für ein Spiel zu erleben. Gleichzeitig konnte er sehen, dass sein Spiel eine Bedeutung für die anderen beiden Kinder hatte. Das stärkt zum einen sein Selbstbewusstsein und motiviert ihn künftig, Ideen für ein Spiel zu entwickeln, wenn er merkt, dass er positive Rückmeldungen von den anderen Spielpartnern bekommt.

Maximilians Erzieher war sehr erfreut zu sehen, wie der Junge auf seine Unterstützung reagierte, indem er den Impuls mit dem Ball aufnahm. Auch die anderen beiden Kinder wurden auf Maximilian aufmerksam. In der Folge braucht es immer wieder genau solche Momente, damit sein Vertrauen in die eigenen Fähigkeiten wachsen kann und es ihm dadurch gelingt, konstruktiv ein Spiel zu beginnen.

Für die pädagogischen Fachkräfte bietet das Freispiel eine Vielzahl von Möglichkeit, Kindern eine spezielle Unterstützung zu geben. Das lässt sich im Alltag gut integrieren und braucht keine zusätzlich eingeplanten Zeiten oder ein besonderes Setting. Die Situationen, wie sie im Alltag der Kinder in der Kita entstehen, eignen sich immer wieder zur Begleitung und zur speziellen Entwicklungsunterstützung.

4.5.7 Das Marte Meo Elterneinladungsprogramm

Von Beginn an waren Maximilians Eltern in den Prozess eingebunden. Sie hatten selbst auf dem Außengelände der Kita erlebt, dass es zu Konfliktsituationen zwischen ihrem Sohn und anderen Kindern kam. Als Maximilians Erzieher den Eltern vorschlug, mit Marte Meo zu arbeiten, um zu sehen, wie die pädagogischen Fachkräfte ihren Sohn noch mehr unterstützen könnten, stimmten sie den Filmaufnahmen gleich zu.

Der Erzieher von Maximilian war zu der Zeit in der Marte Meo Fachberater Ausbildung, so dass er die Möglichkeit hatte, Reviews mit den Eltern durchzuführen. Dabei ging es zunächst darum, den Eltern anhand erster Filmsequenzen aufzuzeigen, wie sehr ihr Sohn an Kontakt mit den anderen Kindern interessiert war und wie er sich um deren Aufmerksamkeit bemühte. Diese positive Deutung war für die Eltern entlastend. Der Erzieher teilte mit den Eltern nicht das Problem, sondern die Möglichkeiten zur weiteren Entwicklungsunterstützung ihres Sohnes. Sie bekamen im ersten Review den Hinweis, welche Bedeutung es für ihren Sohn hat, wenn sein Erzieher das Spielgeschehen ***benennt*** und ***die sozialen Informationen hervorhebt***. Die Wirkung konnten die Eltern im Film sehen, so dass sie gleich eine Bereitschaft zeigten, das auch zu Hause anzuwenden. Die Eltern fühlten sich eingeladen, mitzuwirken, und konnten in dem Prozess eine aktive Rolle einnehmen.

4.6 Waffeln backen

ANDREA FOERSTER

4.6.1 Verhaltensbeschreibung durch die pädagogische Fachkraft

Mara, 5;2 Jahre, geht seit fast 3 Jahren in die Kita und wurde von den pädagogischen Fachkräften beschrieben als ein sehr interessiertes Kind, das sich gut beschäftigen kann und auch sprachlich schon immer sehr weit entwickelt war. Sie hält sich gerne im direkten Umfeld der Erzieher und Erzieherinnen auf, sucht deren Nähe und erzählt ausführlich von den Themen, die sie gerade beschäftigen. Sie geht auf andere Kinder zu, jedoch schließt sie kaum Freundschaften, andere Kinder laden sie selten in ein Spiel ein. Wenn doch, ist dieser Spielkontakt nach kurzer Zeit wieder beendet und sie wendet sich erneut den pädagogischen Fachkräften zu, spielt in deren Nähe oder spricht mit ihnen. Mara scheint diese Situation zu bedrücken, seit einiger Zeit sagt sie über die anderen Kinder häufig „... die sind blöd".

Maras Erzieherinnen wollen herausfinden, weshalb sie keine Freundschaften zu anderen Kinder hat und wie sie sie unterstützen können, Freundschaften zu anderen Kindern aufzubauen. Ihre Erzieherinnen haben natürlich schnell festgestellt, dass es Mara nicht hilft, wenn man ihr sagt: „Spiel doch mal mit den anderen Kindern" oder aber die anderen Kinder bittet: „Lasst Mara doch auch mitspielen". Solch ein Einwirken führt nur kurzfristig zu Erfolg, auf Dauer scheint jedoch etwas anderes erforderlich zu sein.

Im Sinne von Marte Meo, also „aus eigener Kraft", entsprechen die Aufforderungen der Erzieher:innen nicht dem inneren Impuls der Kinder und wirken somit nicht nachhaltig.

4.6.2 Die Entwicklungsbotschaft lesen – Checklisten

Da sich Mara überwiegend in angeleiteten Situationen aufhielt, filmte die Erzieherin eine solche. In angeleiteten Situationen ist es zum einen möglich, den Fokus darauf zu legen, wie *Mara* die ***Initiativen*** der anderen beteiligten Kinder wahrnimmt, wie sie **Anschluss** machen kann und mit ihnen kooperiert. Zum anderen wird erkennbar, wie sie der Situation und der Anleitung durch die Erzieherin folgen kann.

Wahl der Filmsequenz

Maras Erzieherin filmte eine *angeleitete Situation* beim Waffelbacken (Clip 4:23 Minuten). Dazu hatten sich vier Kinder, Adnan, Mara, Giuliana und Aleksandra, um einen Tisch versammelt, um den Teig dafür vorzubereiten.

Beschreibung der Filmsequenz

Ausschnitt aus dem Filmclip:

Erzieherin:	**„Butter und Zucker sind jetzt schon in der Schüssel. Aleksandra, du kannst mit dem Mixer rühren." (Aleksandra beginnt mit dem Rühren)**
Aleksandra:	„Ist so genug?"
Mara:	(mit Blickkontakt zur Erzieherin gewandt) „Mein Papa macht immer Kuchen mit dem Mixer."
Erzieherin:	**(zu Aleksandra gewandt) „Ja, so ist es bald genug, dann kommen die Eier."**
Mara:	„In Eiern können echte Küken sein." (Blickkontakt zur Erzieherin, dann in die Schüssel, wieder zurück zur Erzieherin)
Erzieherin:	**„Ja, aber unsere Eier zum Backen sind ja zum Glück ohne Küken." (lächelt Mara und die anderen Kindern an) „Adnan, du könntest die Eier aufschlagen, wenn du magst."**
Adnan:	(lächelt, schüttelt den Kopf und schaut die Erzieherin an)
Erzieherin:	**„Ich glaube Adnan überlegt noch ein bisschen. Wer möchte denn mal das erste Ei machen? Adnan vielleicht schaust du erst und nimmst dann das zweite Ei?" (Adnan zögert und nickt dann)**
Giuliana:	„Adnan, du kannst ja hier stehen, dann geht das Ei besser in die Schüssel."
Mara:	„Ich, ich kann das." (nimmt das erste Ei)
Erzieherin:	**„Gut, erst das Ei in die Tasse und dann in die Schüssel. Aleksandra, du kannst weiter rühren."**
Mara:	(schlägt das Ei erst in die Tasse und dann in die Schüssel) „Da war kein Babyküken drin." (blickt zur Erzieherin und lacht)
Erzieherin:	**„Nein, da war keins drin." (lacht ebenfalls, schaut in die Runde und nimmt lachend Blickkontakt zu jedem Kind auf) „Adnan, hast du es dir überlegt, ob du jetzt auch ein Ei reinmachen willst?"**
Adnan:	(zögert noch)
Giuliana:	(zu Adnan gewandt mit einem Lächeln) „Soll ich erst?"
Adnan:	(nickt)
Erzieherin:	**„So können wir es auch machen und du kannst nochmal schauen, Adnan."**
Mara:	„Aber Mehl steht hier auch noch für den Teig." (Blick zur Erzieherin, dann in die Schüssel)
Mara:	(zur Erzieherin gewandt) „Ich bin mit dem Fahrrad gekommen."
Erzieherin:	**„Gut, Giuliana, das Ei ist drin. Adnan, soll ich dir helfen?"**
Mara:	(zur Erzieherin gewandt) „Wieso muss das da rein?"

Eine solche Sequenz ließe sich im Rahmen der Marte Meo Supervision aus unterschiedlicher Perspektive analysieren. Wir könnten analysieren, wie die Erzieherin die Situation anleitet, oder aber, welche Kooperationsfähigkeiten Mara entwickelt hat.

Das Anliegen der Erzieherin war, Mara genau zu beobachten, weil sie verstehen wollte, weshalb sie so schwer mit anderen in Kontakt kommt. Dazu nutze ich in der Supervision die Marte Meo Checkliste *Kooperationsfähigkeiten*.

Folgende Aspekte nehmen wir daraus zunächst in den Blick:

- Kann Mara ihre ***Initiativen benennen*** und sich in der Gruppe präsentieren?
- Kann sie der angeleiteten Situation ***folgen***?
  Stellt sie Anschluss an die Initiativen der anderen Kinder her und ***bestätigt*** sie diese?

4.6.3 Die Videoanalyse

Was zeigen die Bilder?	Worauf achte ich als Marte Meo Supervisorin?	Information zur Entwicklungsunterstützung
In dem Filmbeispiel ist zu erkennen, dass Mara ***Anschluss*** an die Erzieherin ***herstellt***, sie in ein Gespräch einbindet und immer wieder Blickkontakt mit ihr hat. Sie lächelt die Erzieherin an, kann sich gut ausdrücken und ihre Gedanken ***benennen***. Dabei macht sie einen interessierten und fokussierten Eindruck, hat Selbstvertrauen in ihr Können. Die anderen Kinder sind miteinander im Kontakt, wobei sich Mara an den Themen der Kleingruppe nicht beteiligt.	Wir achten darauf, ob Mara bei der gemeinsamen Aktivität, die Initiativen der anderen Kinder wahrnimmt und ob oder wie sie darauf reagiert. Wir erarbeiten in der Analyse, ob die anderen Kinder mit ihren Initiativen von Mara ***bestätigt*** werden durch Worte, Gesten oder Blickkontakt. Dies konnten wir in dem Filmausschnitt nicht beobachten. Mara bindet die anderen nicht in das Gespräch ein, sie ist ausschließlich auf die Erzieherin konzentriert. Wenn dies auch in freien Spielsituationen so zu beobachten wäre, würde deutlich, weshalb es für die Kinder der Gruppe schwierig ist, mit Mara zu spielen, da sie sich nicht ausreichend wahrgenommen fühlen.	In der Kooperation mit anderen Kindern ist ein gegenseitiges Wahrnehmen und ***Folgen*** ein wichtiger Bestandteil des gemeinsamen Tuns. Das gilt für freie Spielsituationen ebenso wie für angeleitete Aktivitäten. Erst wenn Mara Unterstützung dabei bekommt, ist es auch anderen Kindern möglich, im Kontakt mit Mara Selbstwirksamkeitserfahrungen zu machen.

4.6.4 Resümee Marte Meo Entwicklungsdiagnose

Was ist schon entwickelt?	Mara kann gut die eigenen ***Initiativen*** (ihre Gedanken) ***benennen*** und mit deutlicher Stimme präsentieren. Sie nimmt Blickkontakt zur Erzieherin auf, lächelt sie an und ***stellt Verbindung*** mit der Erzieherin ***her***.
Wo braucht Mara noch Unterstützung?	• die ***Initiativen*** anderer Kinder wahrnehmen • auf deren Ideen eingehen und • daraus „Reihen" machen, d. h. sich abwechseln (***taking turns***)
Was kann die Fachkraft tun?	*Wann:* Wenn die anderen Kinder eine Initiative zeigen *Was:* • Mara erst ***bestätigen***, dann die ***Initiativen*** (Handlungen, Gefühle) der anderen Kinder ***benennen*** und ***groß machen***; • Mara mit den anderen Kindern in Verbindung bringen (***Linking up***) *Wozu:* Die Initiativen der anderen Kinder werden für Mara sichtbar und geben ihr die Möglichkeit, daran anzuknüpfen.

Angeleitete Situationen erfordern vom Kind, sich auf eine gestellte Aufgabe zu fokussieren und dieser zu ***folgen***. Wichtig ist, dabei auch eigene Initiativen zu entwickeln und zu ***benennen***, diese sollten allerdings mit der gestellten Aufgabe korrespondieren. Zudem ist wesentlich, ***Anschluss*** an die Initiativen der anderen herzustellen, um in Kooperation mit ihnen zu sein und ***taking turns***, wie Maria Aarts das nennt, zu ermöglichen.

4.6.5 Arbeitspunkte für die pädagogische Fachkraft

Der Auftrag an die Erzieherin ist daher, Mara zunächst in einer freien Spielsituation zu begleiten, ihr Handeln, aber vor allem das Handeln und die Emotionen der anderen Kinder zu ***benennen*** und ***hervorzuheben***. Da Mara sehr verbunden mit der Erzieherin ist, wird sie vermutlich deren ***Initiativen folgen***, wenn sie auf die anderen Kinder hinweist. Somit ergibt sich für Mara die Möglichkeit, wahrzunehmen, was die anderen Kinder beschäftigt, und sie kann zu gegebener Zeit darauf reagieren. Erst dann, wenn die anderen sich von ihr wahrgenommen fühlen, wird sie als Spielpartnerin für die Kinder interessanter, so dass sich Freundschaften entwickeln können.

Wann: in freien Spielsituationen
Was: Maras Handeln, aber vor allem das Handeln und die Emotionen der anderen Kinder ***benennen*** und ***hervorheben***
Wozu: Mara wird als Spielpartnerin für die anderen Kinder interessanter und es können sich Freundschaften entwickeln.

4.6.6 Wie es weitergeht – der Marte Meo Folgefilm

Der Folgefilm soll verdeutlichen, wie die Erzieherin die in der Marte Meo Entwicklungsdiagose gestellte Aufgabe umsetzen kann und ob es somit möglich ist, Mara mit den anderen Kindern in Verbindung zu bringen.

Ausschnitt aus dem Folgefilm (4:25 Minuten):
Mara sitzt am Tisch und malt. Weiterhin sitzen am Tisch Finn (3;11 Jahre) und Nimra (4;7 Jahre), die ebenfalls malen. Auch die Erzieherin ist dabei.

Nimra:	„Ich male einen Regenbogen. Aber wo ist jetzt der gelbe Stift?" (schaut dabei in die Kiste mit den Stiften)
Mara:	(malt und sagt zur Erzieherin:) „Ich habe heute eine andere Tasche, weil die Dose war zu groß."
Erzieherin:	„Ah ja. Nimra sagt, dass sie den gelben Stift sucht, Mara."
Mara:	(hält kurz inne, schaut auf ihr Bild und malt weiter, sagt nichts)
Finn:	„Der gelbe Stift ist verschwunden." (lächelt Nimra an)
Erzieherin:	„Oje, wo könnte denn der gelbe Stift sein? Finn sagt, er ist verschwunden."
Nimra:	„Aber den brauch ich, weil für den Regenbogen." (schaut in Finns Richtung)
Erzieherin:	(an Mara gewandt) „Wo könnte der denn bloß sein? Nimra braucht ihn, um weitermalen zu können."
Mara:	(schaut auf das Blatt von Nimra, dann sieht sie Nimra an)
Erzieherin:	(an Mara gewandt) „Du schaust nach Nimra und ihrem Bild. Vielleicht könnte sie eine andere Farbe nehmen?"
Mara:	„Oder in einer anderen Gruppe gelb holen."
Erzieherin:	(an Nimra gewandt) „Mara hat die Idee, in einer anderen Gruppe zu schauen." (Nimra zögert)
Mara:	„Komm wir gehen gucken." (Nimra steht auf und geht mit)
Erzieherin:	(als die beiden wiederkommen) „Wie gut, Nimra, dass Mara dich begleitet hat. Zusammen habt ihr bestimmt schnell den gelben Stift gefunden."

Supervision des Folgefilms und weiterer Auftrag:
Deutlich zu erkennen war, wie die Erzieherin jeweils ***benannt*** hat, was die einzelnen Kinder bewegt und beschäftigt. Dadurch hat sie die ***sozialen Informationen*** für die beteiligten Kinder ***hervorgehoben*** und insbesondere Mara die Möglichkeit gegeben, diese wahrzunehmen. In der Marte Meo Supervision konnte die Erzieherin erfahren, welche Möglichkeiten sie in den Momenten des pädagogischen Alltags hat, das ***Linking up*** zu unterstützen, und wie es wirkt. Für Mara war es wichtig, solche Informationen zu bekommen, damit sie eine Möglichkeit hatte, ihren Aufmerksamkeitsfokus auch auf andere Kinder zu richten.

4.6.7 Das Marte Meo Elterneinladungsprogramm

Im Gespräch berichteten die Eltern, dass Mara zu Hause wenig von anderen Kindern aus der Kita erzählt. Sie machten sich Gedanken, mit wem sie denn überhaupt spielen würde. Maras Erzieherin konnte den Eltern rückmelden, dass das Mädchen sehr interessiert und wissbegierig sei, dass sie allerdings auch beobachtet hat, dass Mara noch Unterstützung dabei braucht, Freundschaften zu schließen. Da die Erzieherin zu der Zeit in der Marte Meo Praktiker Ausbildung war, nutzte sie das Anliegen der Eltern, um sie zur Marte Meo Kooperation einzuladen. Sie vereinbarten, dass eine Kollegin, die bereits Marte Meo Fachberaterin war, eine Filmaufnahme für ein Review machen würde. Gemeinsam könne man dann schauen, wie Mara weiter in der Kita unterstützt werden könne. Die Eltern waren sehr beruhigt, dass die Kita ihre Tochter so gut im Blick hat, und fühlten sich mit ihren Sorgen gut aufgehoben.

Als Marte Meo Supervisorin nehme ich immer wieder wahr, wie bedeutsam es für Eltern ist, wenn sie frühzeitig über die laufenden Prozesse informiert werden, und wie motiviert und kooperativ sie sind, die begonnene Unterstützung der Kita fortzuführen. Maras Erzieherin berichtet später von einer Situation beim Abholen. Mara und Felix zogen ihre Jacken an, die Erzieherin und Maras Mutter standen daneben. Als Felix es zum ersten Mal schaffte, die Jacke allein zu schließen, sagte die Erzieherin zu Felix: „Toll, du hast es jetzt ganz allein geschafft!“ Und an Mara gewandt: „Der Felix freut sich jetzt riesig, dass er es geschafft hat.“ Mara schaute hin zu Felix, lächelte, nickte ihm zu und sagte: „Ja“. Diese von der Mutter beobachtete Situation brachte die in das Marte Meo Review ein. Sie sagte: „Dann kann ich ja auch mal zu Mara sagen, was die anderen Kinder so machen. Wenn Mara sieht, dass ich das wichtig finde, findet sie andere Kinder vielleicht auch wichtig.“ Diese Worte der Mutter machen deutlich, wie sehr sie vom Review profitiert und wie sie damit die begonnene Entwicklungsunterstützung der Kita begleiten kann.

4.7 Sprachförderung – die pädagogische Fachkraft im Fokus

ANDREA FOERSTER

4.7.1 Verhaltensbeschreibung durch die pädagogische Fachkraft

Davide, 4;0 Jahre, ist erst einige Monate in der Kita, spricht noch kein Deutsch. Seine Eltern sind mit sehr wenigen Deutschkenntnissen nach Deutschland gezogen. Sie sagen, dass er seine Muttersprache Italienisch sprechen kann. Er ist ein sehr stilles Kind, hat eine Freundschaft mit Karlo, mit dem er sich am liebsten zurückzieht in den Rollenspielraum. Wenn er morgens in die Kita gebracht wird, ist es meistens noch früh am Tag, so dass erst wenige Kinder anwesend sind. Am liebsten nimmt er dann ein Memoryspiel, mit dem er sich allein beschäftigen kann. Da ihn jedoch die pädagogischen Fachkräfte beim Spracherwerb intensiver unterstützen wollen, haben sie ihn im Rahmen einer Teamfortbildung zum Marte Meo Praktiker gefilmt. Eine Kollegin im Team hat bereits die Marte Meo Fachberater Ausbildung abgeschlossen.

4.7.2 Die Entwicklungsbotschaft lesen – Checklisten

Wahl der Filmsequenz

Für die Filmaufnahme (3:50 Minuten) wurde eine frühe Morgensituation gewählt, da die Erzieherin Davide so ungestört in einer Freien Spielsituation begleiten konnte.

Seine *Erzieherin* hatte bereits erste Kenntnisse über Marte Meo, eine erste Videoanalyse von Davide hatte sie schon zuvor gemacht und wollte nun sich selbst in den Fokus nehmen und analysieren, wie sie das ***Folgen*** und ***Benennen*** umgesetzt hat.

Beschreibung der Filmsequenz

Davide und seine Erzieherin sitzen auf einem Teppich und machen ein Memoryspiel. Ausschnitt aus dem im Clip zu sehenden Dialog:

	(Davide dreht eine Karte um)
Erzieherin:	(lächelnd)„Das ist die Birne. Wo liegt wohl die zweite Birne?“
	(Davide dreht die nächste Karte um, Kirschen)
Erzieherin:	„Oh, das sind die Kirschen, schade, passt nicht.“ (lächelt ihn an und hat Blickkontakt mit ihm)
Erzieherin:	„Jetzt bin ich dran, mal sehen. Die Banane!“ (nimmt die nächste Karte, zeigt sie Davide, wartet ab, blickt ihn an)
	(Davide schaut die Erzieherin an, lächelt und bewegt die Lippen, zu hören ist aber nichts)
Erzieherin:	„Die Birne, genau! Da ist jetzt die Birne.“ (erwidert den Blickkontakt und sein Lächeln)

	(Davide lächelt und nimmt die nächste Karte, auf der ein Apfel zu sehen ist)
Davide:	(ganz leise) „Afel" (schaut zur Erzieherin, lächelt)
Erzieherin:	„Genau, Davide, der Apfel. Das ist der Apfel, gut!" (lächelt ihn an, **bestätigt** ihn) (Davide strahlt und schaut im Raum umher)

Später am Vormittag sitzt Davide am Tisch und malt. Er tippt die Erzieherin an und zeigt auf eine grün gemalte Fläche auf seinem Bild. Er sagt: „Afel" und sie ***bestätigt*** wieder: „Ah, du hast den Apfel gemalt, ja, das ist der Apfel."

Hier lässt sich gut erkennen, wie Davide ein bereits gehörtes Wort durch das weitere Ausprobieren in anderen Zusammenhängen vertiefend erlernt. Dies erfolgt „aus eigener Kraft" und wurde von der Erzieherin durch ***Folgen*** und ***Benennen*** im Lernprozess gefestigt.

Da die Erzieherin sich selbst reflektieren wollte, wurde sie bei der Analyse in der Supervision in den Mittelpunkt gerückt. Dabei haben wir zunächst mit dem Fokus *Unterstützende Kommunikationsfähigkeiten* auf folgende Aspekte geachtet:

- Nimmt die Erzieherin die Signale von Davide wahr und folgt ihnen?
- Kann sie eine gute Lernatmosphäre schaffen?

4.7.3 Die Videoanalyse

Was zeigen die Bilder?	Worauf achte ich als Marte Meo Supervisorin?	Information zur Entwicklungsunterstützung
Davide nimmt sich sein bevorzugtes Memoryspiel, welches die Erzieherin für die sprachliche Entwicklungsunterstützung nutzt. Davide ist mit der Erzieherin verbunden, sucht immer wieder ihren Blickkontakt. Er ist strukturiert beim Spiel, kann abwarten, wenn er nicht dran ist eine Karte umzudrehen, und folgt der Erzieherin, so dass ein ***Abwechseln*** im Spiel entstehen kann.	Bei Kindern mit geringen oder keinen Sprachkenntnissen ist es hilfreich, wenn wir in der Marte Meo Supervision bei der Analyse des Films zunächst schauen, ob das Kind kleine, sprachliche Initiativen, wie Bewegung der Lippen, flüstern, lautieren o. ä. zeigt. Wohin der Blick des Kindes gerichtet ist oder wie es auf seine Weise mit den Menschen in seiner Umgebung interagiert, gibt Aufschluss darüber, ob es auf seine Weise ***benennt***.	Es ist für den Lernprozess des Kindes bedeutsam, diese oft sehr kleinen Signale wahrzunehmen und dabei ***aufmerksam zu warten***, welche Initiativen beim Kind zu erkennen sind. Auch bei Davide war zu erkennen, dass er zwar die Lippen bewegte, aber das Wort noch nicht ausgesprochen hat. Seine Erzieherin ist dieser Initiative gefolgt und hat für ihn das Wort „Birne" benannt. Bei Davide zu ***benennen***, anstatt zu fragen: „Was ist das?", gibt ihm die Möglichkeit, das Wort dann zu nutzen, wenn er sich sicher damit ist. Ihm zu ***folgen*** und im Kontakt zu ***bestätigen***, vermittelt ihm ein Gefühl von Verstandensein und Verbundenheit, nährt seine „Goldmine", wie Maria Aarts sagt.

4.7.4 Resümee Marte Meo Entwicklungsdiagnose

Was hat die Erzieherin schon entwickelt?	Sie konnte ***aufmerksam warten.*** Sie hat ihre eigenen ***Initiativen benannt***, ist den Initiativen von Davide ***gefolgt*** und hat diese ***benannt***. Sie hat eine gute Atmosphäre geschaffen.
Was sollte die Erzieherin noch entwickeln?	Hier hat sich kein weiterer Lernpunkt für die Fachkraft ergeben.
Was kann die Fachkraft tun?	*Wann:* in freien Spielsituationen *Was:* ***aufmerksam warten, folgen, benennen, bestätigen*** *Wozu:* Davide hört neue Wörter und kann sie Schritt für Schritt erlernen; fühlt sich verbunden mit seinen Kompetenzen.

Supervision des Films

An diesem Beispiel wird deutlich, dass wir in der Marte Meo Supervision sowohl die Kinder, aber auch die pädagogischen Fachkräfte in den Blick nehmen können, damit sie eine Rückmeldung zu ihrem Handeln bekommen. Mit ein- und demselben Film ist es möglich, den Schwerpunkt der Analyse entweder auf das Kind oder auf die Fachkraft zu richten.

Das Ziel, Davide intensiv beim Erwerb der deutschen Sprache zu begleiten, stand in diesem Fall im Mittelpunkt. Marte Meo reflektiert in besonderem Maße die Interaktionen, deren Qualität wiederum großen Einfluss auf den Spracherwerb hat. Wenn sich Kinder verbunden fühlen mit den Menschen, von denen sie lernen können, gibt es ihnen Sicherheit und Mut, Neues zu wagen.

4.7.5 Arbeitspunkte für die pädagogische Fachkraft

Der Auftrag an die Erzieherin war, Davide regelmäßig, wie oben beschrieben, in den unterschiedlichsten freien Spielsituationen zu begleiten. Im Alltag sind 1:1-Situationen natürlich nicht immer machbar. Jedoch eignen sich Momente in einer Kleingruppe ebenso für die spezielle Entwicklungsunterstützung eines bestimmten Kindes, wenn die Fachkraft dieses Kind für einige Minuten besonders in den Fokus ihrer Interaktionen rückt.

4.7.6 Wie es weitergeht – der Marte Meo Folgefilm

Dazu entstand der Folgefilm mit fünf Wochen Abstand zum ersten Film.

Ausschnitt aus dem Folgefilm (3:20 Minuten):
Davide sitzt auf dem Bauteppich; er hat mit zwei anderen Kindern, Zara (4;8 Jahre) und Theo (5;1), die Holzeisenbahn aufgebaut. Die Erzieherin sitzt mit auf dem Teppich.

Zara:	„Die müssen jetzt alle hier durchfahren“
Theo:	„Aber erst die Brücke rüber, mit den ganzen Autos“ (zieht einen langen Zug über die Schienen)
Davide:	(zieht auch einen Zug über die Schienen, macht Zuggeräusche)
Erzieherin:	„Davide, dein Zug fährt hinter dem von Theo her. Und der Zug macht ganz schön Krach.“ (lächelt Davide an, der laute Zuggeräusche macht)
Davide:	„Schnell, Zug.“
Erzieherin:	„Ja, der Zug ist schnell.“
Zara:	„Hier stehen schon alle Kinder, die warten auf den Zug.“ (Davide schaut Richtung Zara)
Erzieherin:	„Da stehen die Kinder und warten auf den Zug.“
Davide:	„Der Zug, hier kommt.“
Erzieherin:	„Oh, ja, der Zug kommt hier vorbei.“
Davide:	(hält mit dem Zug an und beginnt, die Anhänger zu zählen:) „Eins, zwei.“ (schaut zur Erzieherin)
Erzieherin:	„Drei, vier. Der Zug hat eins, zwei, drei, vier Anhänger.“
Davide:	(beginnt wieder zu zählen) „Eins, zwei, vier?“ (schaut wieder zur Erzieherin)
Erzieherin:	(lächelt) „Eins, zwei, drei, vier Anhänger. Genau, gut, Davide.“

Auswertung des Folgefilms und weiterer Auftrag:
In der Analyse wurde deutlich, dass die Erzieherin weiterhin, wie schon im ersten Film, ***aufmerksam wartete***, welche ***Initiativen*** von Davide ausgingen, denen sie ***gefolgt*** ist und die sie ***benannt*** hat. Daraus hat sich ein kleiner Dialog zwischen ihnen ergeben, bei dem Davide einige inzwischen erlernte Wörter einsetzen konnte.
Im weiteren Verlauf dieses Unterstützungsprozesses hat die Erzieherin immer wieder Alltagssituationen für die Sprachbegleitung genutzt, in denen sie für einige Minuten in Davides Spiel dazukam und ihn sprachlich begleitet hat.
Bei dem Thema *Spracherwerb* ergänze ich Marte Meo gerne um folgende Aspekte:

- Beim ***Benennen*** immer die Artikel benennen; statt eine Birne, ein Apfel, ein Auto: die Birne, der Apfel, das Auto.
  In den vielen Filmen, die ich im Laufe meiner Marte Meo Arbeit gesehen habe, wird immer wieder deutlich, wie selbstverständlich Kinder die Artikel lernen, wenn die Erwachsenen sie benutzen. Es ist eine Erleichterung für ihren weiteren Spracherwerb.
- Beim ***Benennen*** auch Adjektive nutzen, denn sie geben schon früh im Spracherwerb Informationen zu Personen oder Gegenständen und bereichern die Sprache.

Zum Ende der Marte Meo Praktiker Ausbildung präsentierte die Erzieherin von Davide einen Film, der seine Spielfähigkeiten zeigte und deutlich machte, welche Fortschritte er inzwischen beim Spracherwerb aufweisen konnte. Er war mutig, sich sprachlich auszudrücken, auch wenn er merkte, dass ihm noch Wörter fehlten, und machte mit der sehr guten Begleitung seiner Erzieherin große Fortschritte. In dem letzten Film, den wir von ihm sahen, sagte er zu einem anderen Kind: „Das Bild ist wunderschön."

4.7.7 Das Marte Meo Elterneinladungsprogramm

Davides Eltern waren von Beginn an in den Prozess mit eingebunden. Eine Kollegin aus dem Team, die bereits eine Marte Meo Fachberater Ausbildung hatte, führte die Reviews im Beisein von Davides Erzieherin durch. Den Eltern konnte im Review mit Hilfe der Filmaufnahmen präzise aufgezeigt werden, welche Fortschritte ihr Sohn beim Spracherwerb gemacht hat und wie die Kita ihn unterstützt. Bei dem Film mit dem Zug war der Vater sehr bewegt, als er sah, wie sein Sohn das Wort „Zug" gelernt hatte. Er fragte: „Soll ich auch Deutsch sagen ‚Zug' oder Italienisch ‚treno', was besser?" Dadurch, dass im Review die Informationen über die Entwicklungsfortschritte mit den Eltern geteilt werden, fühlen sie sich eingeladen, mitzuwirken. Diese Erfahrung können wir bei fast allen Eltern machen und es entsteht eine sehr konstruktive Kooperation, in der beide Seiten, Kita und Elternhaus, dem Kind die erforderliche Entwicklungsunterstützung zukommen lassen.

Was Kinder brauchen

Viele warten auf Diagnosen, aber die
kindliche Entwicklung kann nicht warten.
Selbst wenn wir noch nicht wissen,
was ein Kind hat, können wir in den Bildern
sehen, was es braucht.

Maria Aarts

5. Herausforderungen des pädagogischen Alltags betrachten in der Marte Meo Masterclass

MARIA AARTS UND JOSJE AARTS

Entwicklung bedeutet Hoffnung zu haben, dass sich etwas verändern kann, und sich vorzustellen, wie es werden könnte.

Der pädagogische Alltag birgt eine Vielzahl von Herausforderungen. In den folgenden Unterkapiteln werden wir einige dieser Herausforderungen anhand von Videos genauer beleuchten, wie wir dies in Marte Meo Masterclasses tun.

Die Marte Meo Masterclass richtet sich vorrangig an Personen, die bereits eine anerkannte Marte Meo Weiterbildung abgeschlossen haben oder sich in einer Marte Meo Weiterbildung als Marte Meo Therapeut/Marte Meo Fachberater oder Marte Meo Supervisor befinden.

Das Format Marte Meo Masterclass bietet den Teilnehmenden die Möglichkeit, eigene Marte Meo Filmclips vorzustellen und ihr Wissen durch die von Marte Meo International live durchgeführten Marte Meo Masterclasses themenbezogen zu vertiefen. Darüber hinaus werden die Teilnehmenden über Projekte und neueste Marte Meo Entwicklungen informiert.

Im Folgenden finden Sie Ausschnitte einiger Marte Meo Masterclass Beratungen aus dem Bereich der Kindertagesbetreuung.

5.1 Sprachentwicklungsprobleme

MARIA AARTS

5.1.1 Verhaltensbeschreibung durch die pädagogische Fachkraft

Eine Erzieherin, qualifizierte Elternberaterin und in der Ausbildung zum Marte Meo Fachberater/Marte Meo Therapeut, stellt einen Fall aus ihrem Kita-Alltag vor. Es handelt sich um einen 4-jährigen Jungen, der zu Hause bei seinen Eltern wohnt. Er hat eine ältere, normal entwickelte Schwester. Der Junge hat „Tics" (unkontrolliertes Schreien), spricht sehr wenig bis gar nicht und geht nur selten in Blickkontakt. Er kann sich kaum konzentrieren. Zurzeit wird er im Sozialpädiatrischen Zentrum zur Diagnostik vorgestellt. Es besteht eine Verdachtsdiagnose aus dem Autismus-Spektrum.

Exkurs

Allgemeine Information zu Autismus und Isolation

Meine anfängliche Arbeit mit Kindern mit Autismus und sozial isolierten Kindern hat mir gezeigt, dass Kinder, die Tics entwickelt haben, auch monotones Wippen, Wiegen und Schaukeln, sich damit selbst beruhigen und stimulieren:

„Ich fühle mich nicht verbunden. Wenn ich mich ein bisschen wiege, ein bisschen schaukle, beruhigt mich das."

Genau dieses Gefühl empfinden wir, wenn wir in sozial-emotionalem Kontakt mit anderen Menschen zusammen sind. Ich nenne dies einen „sozialen Tanz".

Bei manchen Kindern hat man den Eindruck, sie stehen immer wieder an einem „verkehrten Platz". Der erste Schritt ist, wahrzunehmen, was sie bewegt, und den Grund zu finden, warum sie diesen Platz eingenommen haben.

Die kindliche Entwicklung kann nicht warten. In den Filmen können wir analysieren, welche Signale das Kind zeigt und welche spezielle Entwicklungsunterstützung es braucht.

Tipp

Wenn es keine Diagnose gibt, ist meine erste Information:
„Wir wissen nicht, was das Kind hat, aber meistens können wir in den Bildern sehen, was es braucht."

Beispiel

Ich möchte an dieser Stelle ein Beispiel bringen. Während eines Forschungsprojekts zu Marte Meo in Schweden erlebte ich folgende Situation:
Ein Lehrer war sehr bemüht, ein isoliertes Kind, einen Jungen im Alter von 9 Jahren, in die Gruppe zu integrieren. Eindrücklich bat er die anderen Kinder, den Jungen mitspielen zu lassen. Die Kinder folgten dem Anliegen ihres Lehrers und forderten den Jungen zum Ballspiel auf. Wissen Sie, wie er dastand? Mit den Händen in der Hosentasche. Wie sollte er da einen Ball fangen?

Es reicht nicht aus, eine Gruppe aufzufordern, ein isoliertes Kind zum Spiel einzuladen. Der Junge muss Spielfähigkeiten entwickeln, um soziale Verbundenheit zu bekommen. In der Marte Meo Masterclass schaue ich mir mit den Teilnehmenden Schritt für Schritt den mitgebrachten Marte Meo Clip an. Es ist von Vorteil, dass ich hier mit Marte Meo Profis arbeite, die schon wissen, welche Videoaufnahme es benötigt, um bestmögliche Informationen zu erhalten.

5.1.2 Die Filmsequenz

Die Fachkraft hat eine 5-minütige Aufnahme einer freien Situation mitgebracht. Zu sehen ist der Junge mit seiner Mutter. Die Mutter sitzt auf einem Stuhl vor dem Tisch und ist ihrem Kind, das auf dem Tisch sitzt, zugewandt. Die Mutter zeigt ein freundliches Gesicht und singt fröhlich ein Lied. Zunächst geht die Mutter mit ihrem Sohn in Kontakt. Er schaut nur sehr kurz zu ihr hin. Er bleibt körperlich nah bei der Mutter, schaut sie aber nicht an. Die Mutter singt immer noch fröhlich weiter. Ausgehend von dem Jungen umarmen sie sich und singen gemeinsam „Kussi ... Kussi“. Der Sohn macht einige Male kurze nonverbale Kontaktangebote an seine Mutter. Die Mutter bekommt dies noch nicht mit.

Worauf achte ich?

Mit Marte Meo schauen wir zunächst nach Situationen, in denen sich ein Anschlussmoment aufzeigen könnte. Diese analysieren wir Schritt für Schritt. Im oben beschriebenen Fall stellen wir fest, dass der Junge die Fähigkeit, einen Anschluss herzustellen/zu machen, noch nicht entwickelt hat. Es ist zu sehen, dass er gerne in Kontakt kommen möchte. Es fehlen ihm die Wörter und so wird sein nonverbales Interaktionsangebot von der Mutter leicht übersehen.

Dies erinnert mich an einen kleinen Jungen mit Autismus und starker geistiger Beeinträchtigung. Es hat 5 Jahre gedauert, aber dann sprach er. Es ist so wichtig, dass alle Beteiligten nicht aufgegeben und unsere empfohlenen entwicklungsunterstützenden Schritte gemeinsam vollzogen haben. Für den Anfang zentral ist „Kontakt und Sprache“, also passende Wörter in Interaktionsmomenten anzubieten.

Kommen wir zurück zu unserem Beispiel. Es ist zu sehen, dass die Mutter für eine herzliche Atmosphäre sorgt und ihr Sohn sich angenommen und wohlfühlt. Die Mutter macht ein freundliches Gesicht und spricht mit herzlicher Stimme. In diesem Moment bekommt er die Botschaft: „Meine Mama ist gerne mit mir zusammen, ich bin okay". Die kleine Szene, als er sehr nah an seine Mutter rückt und sie umarmt, zeigt deutlich, dass er an ihr interessiert ist, dass er gerne mit ihr zusammen ist, dass auch *sie* wichtig für *ihn* ist. Mit dieser Information sollte das Review beginnen. Die Mutter sieht ihre Fähigkeiten und kommt in „Entwicklungsstimmung", das braucht es für neue Entwicklungsprozesse.

Meine weitere Empfehlung für die Mutter ist, in freien Situationen ***seiner Initiative zu folgen*** und in ihrer freundlichen, zugewandten Art zu ***benennen***, was er tut:

Tipp

„Setz dich hin und lass das Kind spielen –
Er tut – du sagst"

- ***aufmerksam warten***
- ***der kindlichen Initiative folgen***
- ***die kindliche Initiative benennen***

Wenn die Mutter der kindlichen Initiative folgt und benennt, bekommt er die Botschaft: „Ich werde gesehen, ich bin wichtig". Es fördert die Verbundenheit/Bindung zwischen Mutter und Kind. Er bekommt mit: „Ich bin ein Teil der Gesellschaft". Es entsteht ein Gefühl von Zusammengehörigkeit. Es ist schwierig für Kinder, die isoliert sind, dies zu erreichen.

Wenn das Kind Raum für seine Initiativen bekommt, hat es die Möglichkeit, seine innere Welt zu entwickeln, seine „Goldmine" zu entfalten und ein positives Selbstbild zu entfalten: „Ich kann etwas ..., so einer bin ich".

Wenn man der Initiative der Kinder folgt, kommt ihre Persönlichkeit hervor. Kinder haben ein Recht darauf, „sie selbst zu sein", auch wenn sie ein bisschen „anders" sind. So haben sie größere Chancen, glücklich zu sein. Kinder, die zu viel amüsiert und bespaßt werden, haben ein erhöhtes Risiko, von anderen Menschen abhängig zu werden, um sich gut zu fühlen im Sinne von: „Wer kommt jetzt und amüsiert mich?"

Seit einigen Jahren begleite ich ein Marte Meo Projekt in einer Einrichtung für Menschen mit Behinderung. Auch dort sehen wir, dass diejenigen, die es geschafft haben, ihre Persönlichkeit zu entwickeln, auch besser sozialen Anschluss im Dorf bekommen. Sie haben mehr positive Kontakte als diejenigen, die abhängig geworden sind von Hilfen und ihre innere Welt nicht entfaltet haben.

Das ***Benennen*** seiner Initiative ist für den Jungen aus unserem Beispiel, die intensivste Unterstützung zur Sprachentwicklung und seiner eigenen Wahrnehmung. Es ist möglich, das ***Benennen*** mit der Mutter im Review anhand der Bilder zu üben. So bekommt sie ein Gespür dafür, was mit ***Benennen*** gemeint ist. Ein erster Schritt kann auch sein, es etwas einfacher zu gestalten und eine Aufnahme von dem spielenden Kind zu machen und anhand dieser Aufnahme das ***Benennen*** im Review zu üben.

5.1.3 Der Marte Meo Effekt

Familie

Die pädagogische Fachkraft ließ mir 3 Wochen später durch ihre Marte Meo Ausbilderin ausrichten, dass schon in den ersten Folgefilmen deutlich zu sehen ist, dass die Mutter die kindlichen Initiativen regelmäßig benennt. **Die Mutter berichtet, dass der Effekt des *Benennens* sehr schnell sichtbar wurde**. Ihr Sohn schaut öfter zu ihr, macht deutlich mehr Töne und spricht schon einzelne Wortsilben. **Weiter berichtet die Mutter, dass es mehr Kontaktmomente gibt und sie dies sehr genießt.** Das unkontrollierte Schreien nimmt langsam ab und sie weiß nun besser, was sie im Alltag für ihren Jungen tun kann.

Team

Ein weiterer Effekt ist, dass die pädagogische Fachkraft die Marte Meo Information der Masterclass mit ihrem Team teilen konnte und nun auch die Kita-Mitarbeitenden den Jungen in diesem Sinne begleiten.

Das Marte Meo Elterneinladungsprogramm bietet auch hier die Möglichkeit, dass nach Marte Meo unterstützende Verhalten der Kita-Fachleute mit den Eltern zu teilen und so bestmögliche Voraussetzungen für das Kind zur weiteren Entwicklung zu schaffen. Im Rahmen des Elterneinladungsprogramms kann die Erziehungspartnerschaft zwischen den Fachkräften und den Bezugspersonen der Kinder sichtbar gemacht und gemeinsam erlebt werden.[4]

4 Nähere Informationen zur Unterstützung isolierter Kinder sind zu finden in meinem Buch „Marte Meo für Autismus“ und auf der Homepage www.martemeo.com.

5.2 Eingewöhnung mit Marte Meo – nicht allein für das Kind, auch für Eltern

MARIA AARTS

Eine Erzieherin, qualifizierte Elternberaterin und in der Ausbildung zum Marte Meo Fachberater/Marte Meo Therapeut, stellt einen Fall aus ihrem Kita-Alltag vor. Es handelt sich um einen kleinen Jungen in der Eingewöhnungssituation mit seinem Vater. Die Fachkraft stellt in der Masterclass die folgende Frage an Maria und Josje Aarts: „Wie kann Marte Meo die Eingewöhnung neuer Kinder unterstützen?"

5.2.1 Die Filmsequenz

In diesem Beispiel betrachten wir eine 5-minütge Aufnahme eines kleinen Jungen mit seinem Vater und der pädagogischen Fachkraft bei der Ankunft im Gruppenraum. Es handelt sich um eine freie Situation. Der Junge und sein Papa bekommen die Möglichkeit, im Gruppenraum mit dabei zu sein.

Exkurs

Allgemeine Information zur Eingewöhnung
Weltweit ist die Kita-Eingewöhnung neu ankommender Kinder ein Thema. Immer wieder beobachte ich, dass sich dabei sehr auf das jeweilige Kind und seine Bedürfnisse konzentriert wird. Es ist wichtig, die Eltern nicht aus dem Blick zu verlieren und sie mehr in den Eingewöhnungsprozess mit einzubeziehen, also auch ihre Bedürfnisse wahrzunehmen und sie zu unterstützen, ihr Kind auf diesem Weg der Eingewöhnung zu begleiten.

Originalton der Beratung

Das Kita-Team möchte eine Empfehlung zum Thema Eingewöhnung mit Marte Meo. Maria Aarts stellt schnell fest, dass es in der Eingewöhnung gut ist, auch die Eltern mit einzubeziehen. Hierzu betrachten sie gemeinsam den Film.

Maria Aarts: „Hören Sie, gleich zu Beginn der Aufnahme benennt Ihre Kollegin, was der kleine Junge tut. Prima, so bekommt er mit: ‚Du siehst mich.' Die Mitarbeiterin macht ein einladendes Gesicht und freundliche Töne. Sie folgt der Initiative des Jungen und benennt immer wieder auf diese einladende Art.

Nun konzentriere ich mich auf den Vater. Etwas weiter im Clip sehe ich eine Möglichkeit für die Fachkraft, den Vater in die Situation miteinzubeziehen. Hier kann sie für den Vater ***benennen***, was sein kleiner Junge tut. In diesem Moment freut sich der Junge ein wenig. Sie könnte sagen: ‚Ah, schauen Sie mal, Ihr Sohn freut sich schon ein wenig.' **So baut man eine Brücke zwischen allen Beteiligten:** dem Kind, dem Vater und der Fachkraft.

Schauen Sie hier, wieder eine Möglichkeit für die Fachkraft den Vater mit einzubeziehen: Es ist zu sehen, dass der Junge zurück zu seinem Vater läuft. Die Fachkraft kann sagen: ‚Ja, du läufst zu deinem Papa, dein sicherer Hafen.'

Diese Sequenz bietet auch eine gute Möglichkeit, diese Marte Meo Information mit den Eltern zu teilen.

Weiter im Film sieht man eine andere Möglichkeit des ***Benennens***:

Das Kind rollt den Ball zur Fachkraft.

Die Fachkraft benennt: ‚*Du* rollst den Ball zu mir.'

Die Fachkraft rollt den Ball zum Kind zurück und benennt: ‚*Ich* rolle den Ball zurück zu dir.'

Hier bekommt das Kind die Gelegenheit, ein Verständnis für *Ich* und *Du* zu entwickeln.

Gucken Sie hier, wenige Sekunden später bietet sich wieder die Möglichkeit, den Vater einzubeziehen. Der Junge dreht sich zu ihm um. Die Fachkraft kann die Situation für den Vater ***benennen*** und sagen: ‚Ah, schauen Sie, Ihr Sohn schaut wieder zu Ihnen, er schaut, ob es hier für ihn sicher ist.'

Etwas später kommt ein weiterer Moment, der die Möglichkeit bietet, den Vater in die aktuelle Situation einzubeziehen und zu ***benennen***, was er tut. Der Vater hat bemerkt, dass die Socken seines Kindes etwas verrutscht sind und er nackte Beine hat. Er zieht die Socken wieder hoch. Die Fachkraft kann in diesem Moment sagen: ‚Oh, Sie sorgen dafür, dass Ihr Sohn keine kalten Beinchen bekommt.'

Nun folgt die Fachkraft der Blickrichtung des Kindes. So lernt sie die Welt des Kindes und sein Interesse kennen. Wenn sie nun ***benennt***, was das Kind tut, bekommt es gleich mit: ‚Du bist bei mir, mit in meiner Welt.' Auch der Vater folgt der Blickrichtung seines Sohnes.

Diese Situation ist sehr geeignet, um sie mit den Eltern anzuschauen. Sie bietet die Möglichkeit, das Marte Meo Wissen über Entwicklungsunterstützung gemeinsam mit den Eltern z. B. so zu teilen: ‚Gucken Sie mal hier, ich folge der Blickrichtung Ihres Sohnes ... und Sie ... Sie tun dies auch. So erfährt man, was gerade in dieser neuen Situation hier in der Kita interessant für ihn ist.'

Im nächsten Moment ist zu sehen, dass der Junge eine Entdeckung macht.

Und schauen Sie, wie interessant, das Kind dreht den Kopf und möchte diese Erfahrung teilen. Wohin dreht er seinen Kopf? Zu seinem Papa.

Auch hier gibt es also wieder eine Möglichkeit für die Fachkraft, diesen Moment mit den Eltern zu teilen: ‚Ah schauen Sie, Ihr Sohn hat etwas entdeckt und gleich dreht er seinen Kopf in Ihre Richtung, um es mit Ihnen zu teilen. Da sehe ich doch gleich, dass Ihr Sohn die Erfahrung gemacht hat, dass Sie für ihn da sind.'"

5.3 Gute Atmosphäre als Grundlage für „Positiv Leiten"

JOSJE AARTS

Eine Erzieherin, in der Ausbildung zum Marte Meo Fachberater/Marte Meo Therapeut, stellt einen Fall aus ihrem Kita-Alltag vor. Es handelt sich um eine Gruppe von 4- bis 6-jährigen Kindern, die ein Regelspiel spielen. Dabei sieht man, dass eines der Kinder noch nicht gut bei der Sache bleiben kann.

5.3.1 Die Filmsequenz

Das Video ist eine 7-minütge Aufnahme einer Gruppe von 6 Kindern im Alter zwischen 4 bis 6 Jahren in einer strukturierten Situation. Sie spielen ein Regelspiel. Die Fachkraft kommt nach einigen Sekunden dazu.

Originalton der Beratung

Das erste Standbild:

„Ah, da kommen die Kinder in Sicht.

Guck mal, ich schaue gleich am Anfang, was für einen Gesichtsausdruck die Kinder haben, wenn sie auf dich warten. In den Gesichtern der Kinder sieht man: ‚Da kommt unsere Erzieherin, das wird schön, herrlich!' So kommen Kinder gleich in eine Entwicklungsstimmung. In so einer Stimmung lernen Kinder am besten. Hier kann ich ‚lesen', welche Erfahrungen die Kinder schon mit dir hatten. Der nächste Moment, wie schön: Du sagst mit liebevoller Stimme: ‚Es geht los'. Hier machst du einen positiven Anfang. Wenn du gleich mit korrigierendem Ton sagen würdest: ‚Alle aufgepasst ... gerade sitzen ... Wo ist dein Stuhl?' besteht das Risiko, dass die Kinder in Stressstimmung kommen.

Weiter geht es. Hier kann man sehen, wie es auf die Kinder wirkt, wenn man seine eigenen Erfahrungen benennt. Es ist etwas los mit der Kamera. Du teilst es den Kindern mit, indem du benennst: ‚Oh, die Kamera ...'. Du gibst den Kindern hier die Gelegenheit mitzuerleben, was da gerade passiert. So sind sie mit ihrer Aufmerksamkeit bei dir.

Im nächsten Bild sieht man gleich, diese entspannte Stimmung macht es den Kindern leicht, einander zu helfen. Man sieht, sie sind füreinander aufmerksam und bieten einander Hilfe an.

Diese Sequenz eignet sich für das Marte Meo Elterneinladungsprogramm. Sie macht deutlich, wie aufmerksam und sozial die Kinder im Umgang miteinander sind, im Sinne von: ‚Guck mal, wie lieb eure Kinder einander helfen.'

Im nächsten Moment ist zu sehen, dass ein Kind mit einer Idee zu dir kommt. Schau, wie du reagierst: Du schaust das Kind an, ***bestätigst*** die gute Idee, indem du sagst: ‚Ja, da hast du eine interessante Idee'. So ***hebst*** du es auch für die ganze Gruppe ***hervor***.

Und guck, wie alle Kinder es mitbekommen und mitgenießen. Hier benutzt du das Marte Meo Element ***Linking up.***

Nun sehen wir einen **Leitungsmoment.** Du sagst den Kindern mit klarem Leitungston, wie du es haben möchtest. Schau, die Kinder reagieren gleich. Sie sind gewohnt, deine Leitung zu akzeptieren. ***Positiv Leiten*** bedeutet auch zu sagen ‚Tu das', statt ‚lass das'. Hier setzt du das Marte Meo Element ***Positiv Leiten*** ein. Du sagst: ‚Du kannst das tun', statt ‚lass das'. So wissen die Kinder, was sie tun können.

Guck hier: Ein Kind wird ein bisschen laut. Du reagierst sofort und sagst: ‚Nun kannst du zum nächsten Schritt übergehen.' Der Junge tut dies und gleich ***bestätigst*** du ihm, dass er nun wieder auf dem erwünschten Weg ist.

Die Bilder zeigen die ganze Zeit eine entspannte Stimmung. An den entspannten Gesichtern der Kinder sieht man, dass sie es genießen, neue Dinge zu lernen. Dieses Bild möchte ich euch nochmal zeigen: Die genießenden Gesichter der Kinder. Und schau mal, was du sagst: ‚Ihr seid genial miteinander'. Damit aktivierst du das positive Gruppengefühl.

Dieses letzte Standbild sagt alles und zeigt, wie ‚mit Freude lernen' aussieht. Im nächsten Moment sieht und hört man, wie du ***Linking up*** einsetzt: Ein Kind sagt etwas Passendes zu der Situation und gleich wiederholst du, was das Kind gesagt hat. In freundlich bestätigendem Ton ***hebst*** du es ***hervor*** für die ganze Gruppe. So können alle daran teilhaben. Guck hier: Die anderen Kinder genießen die passende Idee des Kindes mit.

Auch ist zu sehen, dass du den Kindern angemessenen Raum für ihre Ideen gibst und dich selbst zurücknimmst. So wird das Spiel der Kinder viel interessanter. In der Arbeit mit Kindern ist es wichtig, deren Energie nicht zu bremsen, sondern ihr Raum zu geben. Der Energiestrom der Kinder ist es, der die Freude am Lernen mit sich bringt.

Du hast für die Arbeit in Gruppen so eine gute Kombination der Fähigkeiten: ‚lieb zu sein und doch genug ***Positive Leitung*** zu geben.'"

Resümee von Josje Aarts

„Wenn ich diese Szenen sehe, denke ich: All die Kinder in Eurer Kita bekommen täglich das Modell ‚Entspannt lernen' mit auf ihren Weg. Ein ***Goldenes Geschenk*** für ihr ganzes Leben. Auch für dein eigenes Herz ist es ein ***Goldenes Geschenk.*** Ich sehe in deinen Clips, dass du so viele Gelegenheiten nutzt, um gelungenen Momente zu genießen. **‚Happ-Happ** – nicht vergessen, schöne Momente essen.'

Das ist auch eine gute Gelegenheit, dies mit dem Team zu teilen und schöne Momente gemeinsam zu genießen."

5.4 Übergang von der Kita in die Grundschule – Schulfähigkeiten

JOSJE AARTS

In der Marte Meo Masterclass stellt eine pädagogische Fachkraft die folgende Frage an Josje Aarts: „Wie kann ich diesen Clip analysieren? Welche Bilder wähle ich für die jeweilige Beratung aus?"

Es geht um das Thema Schulfähigkeiten, die Marte Meo Supervision im Kita-Team und die Beratung der Eltern.

5.4.1 Verhaltensbeschreibung der pädagogischen Fachkraft

Im Alltag zeigt ein 4-jähriger Junge in strukturierten Gruppensituationen ein auffälliges Verhalten.

5.4.2 Die Filmsequenz

Die 5-minütge Aufnahme zeigt eine kleinen Gruppe von 6 Kindern im Alter zwischen 3 bis 6 Jahren in einer strukturierten Situation. Darunter befindet sich ein Junge, der Schwierigkeiten hat, sich am Gruppengeschehen zu beteiligen.

Bei der Analyse von Clips, die von Kindern mit auffälligem Verhalten handeln, benutze ich meist Teile der Marte Meo Entwicklungscheckliste und die Marte Meo Learning Sets zum Thema Schulfähigkeiten (siehe Seite 42 f.).

Bei dem vorgestellten Clip konzentriere ich mich auf die Bilder, die schon entwickelte Schulfähigkeiten des Kindes zeigen. Ebenso nutze ich Bilder, die sein Bedürfnis nach Unterstützung sichtbar machen. Im Stil des 3-W-Beratungssystems zeige ich dann, welche Möglichkeiten vorhanden sind, um seine Entwicklung von Schulfähigkeiten zu unterstützen.

Beispiele aus der Marte Meo Checkliste *Schulfähigkeiten*
Hat das Kind in einer strukturierten Situation die Fähigkeit entwickelt:

- die eigene Initiative zugunsten der gestellten Aufgabe zurückzuhalten?
- sich auf seine Aufgabe zu konzentrieren?
- erteilte Informationen aktiv umzusetzen?
- sich in schwierigen Situationen durchzusetzen und dranzubleiben?
- Lösungsmodelle einzusetzen?
- mit der Gruppenatmosphäre angemessen mitzuschwingen?

Meistens schätzen die Eltern die entwicklungsorientierte Arbeit der Kita sehr. Wenn die Eltern die Bilder ihres Kindes gesehen haben, möchten sie gerne mitmachen und fragen: „Können wir dies auch zuhause tun?“ Ich gebe dann den Rat, die Eltern zu bestärken und zu sagen:
„Wenn Sie zuhause mitmachen, hat Ihr Kind die besten Chancen.“

Tipp

Worauf achte ich?

1. Sequenz:
In diesem Bild achte ich darauf, ob dieser Jungen beim Spiel bleiben kann. Auch achte ich darauf, ob er die zentral gegebene Aufgabe im Blick behält oder verliert.

Hier ist zu sehen, dass er ein kleines Problem mit der Ausführung der Aufgabe hat. Er hat in diesem Moment kein Lösungsmodell und ist schnell abhängig von Unterstützung. Wenn man die anderen Kinder der Gruppe anschaut, sieht man gleich, dass sie diese Fähigkeiten „an der Aufgabe dranbleiben, eine Lösung finden“ entwickelt haben. Es ist interessant zu sehen, dass die anderen Kinder selbstständig das Problem lösen und weiterarbeiten.

2. Sequenz:
Ich achte auf Folgendes im weiteren Verlauf: Kann er um Unterstützung bitten oder fängt er an zu stören?

Im Videoclip ist zu sehen: In diesem Moment fängt er an zu stören. Er zeigt dieses Verhalten regelmäßig. Dies bedeutet in den meisten Fällen, dass das Kind nicht weiß, was es weiter tun kann.

Nun prüfe ich im weiteren Clip, ob er auch Momente hat, wo er schon selbstständig weiterarbeiten kann. Und tatsächlich ist im nächsten Moment zu sehen, dass das Kind die Aufgabe weiterverfolgt und sogar löst. Hier hat die Fachkraft die Möglichkeit, dem Jungen ein ***nuanciertes Feedback*** zu geben. Z. B. könnte sie sagen: „Ah, du gehst weiter mit deiner Aufgabe, du hast einen Weg gefunden, du hast es gelöst.“ So entwickelt das Kind eine **nuanciertes Selbstbild:** „Ich habe auch Momente, wo ich es schaffe“.

Für diesen Jungen reicht es nicht aus, „toll“ zu sagen. Er braucht definitiv konkretere Unterstützung, um sein Selbstbild zu entwickeln. Es hilft ihm, wenn er in diesem Moment das Selbstbild hat: „Manchmal verliere ich den Weg, aber es gelingt mir mehr und mehr selbst, eine Lösung zu finden.“ So bekommt er die Gelegenheit, sich selbst Schritt für Schritt mehr zu vertrauen.

5.4.3 Das Marte Meo Eltern Einladungsprogramm

Diese letzte Sequenz bietet die Möglichkeit, hoffnungsvolle Information mit den Eltern zu teilen. Den Eltern wird gezeigt, dass ihr Sohn in diesem Moment der Ablenkung in der Lage war, sich zur gestellten Aufgabe zurückzubringen. Das kann mit diesen positiven Bildern deutlich gezeigt werden.

Tipp

Ein Rat zur Vermittlung der Bilder, wenn ein Marte Meo Fachberater die vorbereiteten Sequenzen mit den Eltern teilt:
Immer „*in* den Bildern sprechen", d. h. zu jeder Sequenz die passgenaue Information zu vermitteln:

1 Sequenz – **1** Information:
„Guck mal hier ..."
„Hör mal hier ..."

Wenn die Sequenzen und einzelnen Standbilder so deutlich vermittelt werden, dann erkennen die Beteiligten diese Situationen morgen wieder. Wir beobachten, dass in solchen Momenten die Beteiligten z. B. sagen: „Ah, hier macht er ..., dann können wir ...".
Weniger effektiv ist es, *über* die Bilder zu sprechen. Dies bedeutet, zunächst die Sequenz kommentarlos anzuschauen und erst anschließend die Information zu vermitteln. Die Vermittlung der Sequenzen geschieht mit Hilfe des „Marte Meo 3-W-Beratungssystems" (siehe Seite 18).
Es ist wichtig, die Bilder wie folgt zu vermitteln:

1 Bild – **1** passende Information – **1** Dialog

Dies gibt den Eltern die Gelegenheit, eine persönliche Rückmeldung über die neu erhaltene Information geben zu können.

Sozialer Tanz – Isolation und Mobbing
Wenn dieser Junge wegen seiner sprachlichen Entwicklungsverzögerung in der Gruppe nicht mithalten kann, hat er ein Risiko, isoliert zu werden. Wenn man nicht gehört wird, wird man auch nicht gesehen. Diese Kinder sind eher gefährdet, gemobbt zu werden.[5] (Siehe hierzu auch das Buch „Marte Meo für Autismus" oder www.martemeo.com)

4. Sequenz:
Gleich am Anfang der Szene ist zu sehen, dass der Junge die Geschehnisse in der Gruppe beobachtet und mitbekommt. Allerdings kann er sich verbal nicht beteiligen, ihm fehlen die Wörter. Im nächsten Moment sieht man auch, dass er nicht in der Lage ist, gemeinsam mit den anderen Kindern einen gelungenen Moment zu genießen.

In einer sozialen Umgebung zusammen etwas Gelungenes zu genießen, gibt den Kindern Energie, gemeinsam weiterzumachen. Im Gesicht des Jungen sieht man, dass er keine „Gruppenenergie tanken" kann.

5 Siehe hierzu auch das Buch „Marte Meo für Autismus" oder www.martemeo.com

Ein Rat an die pädagogischen Fachkräfte

Das Marte Meo Element ***Linking up*** einsetzen: das ***Hervorheben sozialer Informationen***, die er noch nicht wahrnehmen kann.

Nun erhalte ich von der teilnehmenden Fachkraft eine wichtige Information: Der Junge ist ein Einzelkind. Wenn Sie gerade diesen Kindern diese soziale Fähigkeit mitgeben können, ist das ein Goldenes Geschenk für das ganze Leben.

Ein Rat an die Eltern

Wir sehen, dass er sozial interessiert und aufmerksam ist. Er kann sich noch nicht sprachlich beteiligen. Ihm fehlen die Wörter. Sie können ihm Wörter geben und sagen, was er tut, was er beobachtet, was gerade geschehen ist.

Tipp

Lösungsmodelle entwickeln

Wenn das Kind ein Problem hat, kann man es Schritt für Schritt anleiten und begleiten, das Problem dennoch selbstständig zu lösen. Nimmt man dem Kind das Problem weg, nimmt man dem Kind auch die Möglichkeit weg, zu lernen mit Problemen umzugehen.

Ein bunter Blumenstrauß

Es erfreut mich immer wieder,
auch am Ende eines erfolgreich
abgeschlossenenAusbildungszyklus,
zu sehen, wie individuell die immer wieder
gleiche Marte Meo Basisinformation
verstanden und maßgeschneidert
benutzt wird – wie gesagt:
„Ein bunter Blumenstrauß".

Maria Aarts

6. Die Marte Meo Ausbildung

MARIA AARTS UND JOSJE AARTS

Im Folgenden werden die Marte Meo Kurse und Zertifikate vorgestellt. Im Rahmen der Marte Meo Aus- und Weiterbildung können folgende Qualifizierungen erworben werden: Marte Meo Praktiker, Marte Meo Fachberater/Kollegentrainer, Marte Meo Therapeut und Marte Meo Supervisor.

6.1 Marte Meo Praktiker

Der Marte Meo Praktiker Kurs umfasst 6 Kurstage verteilt über ca. 6 Monate. Die Teilnehmenden lernen, Marte Meo unterstützende Kommunikationsfähigkeiten in ihre tägliche Arbeit einzubauen. Der Fokus liegt auf der praktischen Übung und Anwendung anhand von Videos, die die Teilnehmenden in ihrem Arbeitsfeld in alltäglichen Interaktionen aufgenommen haben(siehe auch Kapitel 2 „Marte Meo in der Kindertagesbetreuung" sowie Kapitel 7.2.1 „Marte Meo Praktiker Kita").

6.2 Marte Meo Fachberater/Kollegentrainer

Der Kurs zum Marte Meo Fachberater umfasst, nach erfolgreichem Abschluss des Marte Meo Praktiker Kurses, mindestens 12 Kurstage, verteilt über 1,5 bis 2 Jahre. Marte Meo Fachberater werden darin ausgebildet, Marte Meo Informationen im Marte Meo Review an Kollegen, Eltern und Angehörige zu vermitteln. Hierzu gehört auch das Marte Meo Elterneinladungsprogramm und die Gestaltung von Marte Meo Elternabenden.
Zentrale Inhalte des Kurses sind:

- Vertiefung der Marte Meo Basisinformationen
- Einsatz der Videointeraktionsanalyse
- Anwendung und Einsatz der Marte Meo Checklisten
- Vermittlung der Information unter Anwendung der Marte Meo Checkliste *Review*
- Intensive Einübung des Marte Meo 3-W-Beratungssystems
- Der Marte Meo Fachberater/Kollegentrainer lernt die Vermittlung der Marte Meo Informationen an Kolleginnen aus dem eigenen Arbeitsbereich. Gearbeitet wird mit Filmen der Teilnehmenden.

Voraussetzung für die Zertifizierung sind 4–6 in der Ausbildung begleitete, erfolgreich abgeschlossene Marte Meo Prozesse.

Wenn Marte Meo Fachberater/Kollegentrainer während ihrer Ausbildung in ihrem eigenen Arbeitsbereich, neben der Beratung der eigenen Kolleg:innen, Marte Meo Praktiker Kurse geben wollen, müssen sie regelmäßig durch den Marte Meo Supervisor darin trainiert und supervidiert werden. Nach erfolgreichem Abschluss können Marte Meo Fachberater von ihnen ausgebildete Marte Meo Praktiker zertifizieren, diese bei Marte Meo International registrieren und somit die Marte Meo Praktiker Zertifikate beantragen.

6.3 Marte Meo Therapeut

Der Kurs zum Marte Meo Therapeut umfasst, nach erfolgreichem Abschluss des Marte Meo Praktiker Kurses, mindestens 12 Kurstage, verteilt auf 1,5 bis 2 Jahre. Marte Meo Therapeuten werden darin ausgebildet, in ihrem therapeutischen Arbeitsfeld die Marte Meo Methode einzusetzen. Voraussetzung ist eine Berufstätigkeit und ein Auftrag in einem therapeutischen oder beratenden Arbeitsfeld.
Zentrale Inhalte des Kurses sind:

- Vertiefung der Marte Meo Basisinformationen
- Einsatz der Videointeraktionsanalyse
- Anwendung und Einsatz der Marte Meo Checklisten
- Vermittlung der Informationen unter Anwendung der Marte Meo Checkliste *Review*
- Intensive Einübung des Marte Meo 3-W-Beratungssystems

Der Marte Meo Therapeut lernt die Integration der Marte Meo Methode in therapeutische oder beratende Prozesse. Gearbeitet wird mit Filmen aus den Prozessen der Teilnehmenden.

Voraussetzung für die Zertifizierung sind 4–6 in der Ausbildung begleitete, erfolgreich abgeschlossene Marte Meo Prozesse.

Voraussetzungen für die Zertifikate „Marte Meo Fachberater/Kollegentrainer" und „Marte Meo Therapeut"

Wenn man sowohl eine Ausbildung als Marte Meo Fachberater als auch als Marte Meo Therapeut abschließen möchte, müssen in beiden Bereichen 4–6 Prozesse im Rahmen der Ausbildung supervidiert und für die Zertifizierung präsentiert werden. Der Trainee bereitet für den letzten Kurstag eine 30-minütige Präsentation vor, in der gezeigt wird, wie die Marte Meo Methode und die Marte Meo Informationen, eine Entwicklungsdiagnose, ein Review, ein Prozess mit Endresultat erfolgreich im jeweiligen Arbeitsfeld eingesetzt und durchgeführt wurden. Anhand von Filmen werden auch die während des Kurses entwickelten Fähigkeiten in der Durchführung von Reviews präsentiert: „Seeing is believing!"

6.4 Marte Meo Supervisor

Die Ausbildung von Marte Meo Supervisoren erfolgt durch einen Licensed Marte Meo Supervisor. Die Ausbildung umfasst mindestens 12 Kurstage über ca. 1,5 bis 2 Jahre. Voraussetzung zu dieser Weiterbildung ist die erfolgreich abgeschlossene, registrierte und zertifizierte Ausbildung zum Marte Meo Therapeut oder Marte Meo Fachberater.

Marte Meo Supervisoren werden darin ausgebildet, mit Marte Meo Praktikern, aber auch Marte Meo Fachberatern und Marte Meo Therapeuten Supervisionssitzungen durchzuführen.

Zentrale Inhalte des Kurses sind:

- Intensivierung der Marte Meo Basisinformation
- Vermittlung der Technik der Videointeraktionsanalyse/ein Videointeraktionsanalysetraining geben können
- Training zur Erstellung von Marte Meo Entwicklungsdiagnosen mit Hilfe der Marte Meo Entwicklungschecklisten
- Schritt-für-Schritt-Training: Marte Meo Prozessaufbau
- Vorbereitung von Review-Sitzungen – Auswahl von geeigneten Videosequenzen
- Training zur Vermittlung der Informationen – 3-W-Beratungssystem – Marte Meo Sprache
- Anwendung und Einsatz der Marte Meo Checklisten
- Einübung aller Punkte der Marte Meo Checkliste *Review*

Die wesentliche Aufgabe der Supervision ist es, den Marte Meo Trainee erfolgreich zu unterstützen und zu befähigen, Marte Meo Therapeut/Marte Meo Fachberater zu werden.

Exkurs

Licensed Marte Meo Supervisor
Marte Meo Licensed Supervisoren sind von Maria Aarts eingeladene Marte Meo Supervisoren, die als Kooperationspartner für Marte Meo International tätig sind.

In allen Marte Meo Kursen achtet der ausbildende Marte Meo Fachberater/Marte Meo Supervisor darauf, dass die Persönlichkeit, die individuellen Fähigkeiten, der kulturelle Hintergrund und die Professionalität der Teilnehmenden respektiert werden.[6]

6 Nähere Informationen zu den Marte Meo Weiterbildungen finden Sie zudem im Marte Meo Handbuch „Das Goldene Geschenk“.

Man kann nicht nicht handeln

Der Faktor Zeit spielt im Kita-Alltag immer eine Rolle. Gerade hier ist Marte Meo eine nützliche Methode, da sie in alltäglich ohnehin vorhandenen Interaktionsmomenten angewendet werden kann.

Josje Aarts

7. Einführung der Marte Meo Methode in der Einrichtung

ANDREA FOERSTER

Die Möglichkeiten des Einsatzes von Marte Meo im pädagogischen Alltag sind vielfältig, jede Kindertageseinrichtung definiert dabei ihren eigenen Weg, der zu den jeweiligen Rahmenbedingungen passt. Schon die ersten Schritte auf dem Weg zu einer Arbeit mit Marte Meo gestalten sich unterschiedlich.

So kann das Interesse einzelner Fachkräfte eines Teams an einer Marte Meo Ausbildung dazu führen, dass sie die Methode in die pädagogische Arbeit einbringen. Für die Marte Meo Praktiker Ausbildung filmen sie Kinder und sich selbst und lernen, die Basisinformationen anzuwenden. Vertiefen die Marte Meo Praktiker ihre Kenntnisse in der Kollegentrainerausbildung, erhalten die Kolleg:innen aus den Teams nicht nur erste Einblicke, sondern können auch Teilnehmende bei Reviews sein. So wird das Interesse an Marte Meo zunehmend geweckt, wenn miteinander über Filme, Kinder und Marte Meo Inhalte gesprochen werden kann.

Ein anderer möglicher Zugang ist von Beginn an der Einstieg eines gesamten Teams in die Marte Meo Praktiker Ausbildung. Als Supervisorin begegnet mir dieser Einstieg in die Marte Meo Arbeit sehr häufig, setzt allerdings für die Kita den Einsatz von zeitlichen Ressourcen voraus. Ein sechstägiger Marte Meo Kurs, wie in der Marte Meo Praktiker Ausbildung erforderlich, kann nicht im Block stattfinden, da zwischen jedem Seminartag neue Arbeitspunkte erarbeitet werden. Somit braucht es eine Einplanung von pädagogischen Tagen, verlängerten Teamsitzungen o. ä., um die Ausbildung durchführen zu können. Sind die äußeren Rahmenbedingungen jedoch geklärt, erlebe ich in fast allen Teams ein großes Engagement. Gemeinsam mit Kolleg:innen einen Blick auf die Entwicklungen von Kindern mit Hilfe der Videoaufnahmen zu werfen, die Möglichkeiten der Entwicklungsunterstützung durch die Reflexion der eigenen Interaktion zu sehen, ist bedeutsam und hilfreich für alle. Die Selbstwirksamkeitserfahrungen der Fachkräfte führen zu Motivation, das eigene pädagogische Handeln weiterzuentwickeln, um Kinder bestmöglich zu unterstützen. Dabei macht sich durch die gemeinsame Auswertung des Videos jede Fachkraft mit ihrem Tun sehr sichtbar für alle Kolleg:innen und fördert die nachhaltige Implementierung der Methode. Daher ist es für jede Supervisorin, jeden Supervisor von Bedeutung, eine Basis zu schaffen, in der sich alle Teilnehmenden mit Wertschätzung begegnen. Nur so entsteht gerade zu Beginn der Ausbildung das erforderliche Vertrauen, sich mit dem eigenen Handeln vor der Gruppe zu präsentieren.

7.1 Konzeptionelle Einbindung

Zur Planung einer komplexeren Marte Meo Implementierung in ein bestehendes Kita-Konzept empfiehlt es sich, vorab den Träger und die Elternschaft in Form einer Marte Meo Präsentation, durchgeführt von einem Marte Meo Fachberater/Marte Meo Supervisor, zu informieren. Der nächste Schritt ist die interne Marte Meo Ausbildungsplanung in Zusammenarbeit mit erfahrenen Kita-Mitarbeitenden, der Kita-Fachberatung, dem Träger und einem Marte Meo Supervisor.

Nach den ersten Schritten mit Marte Meo höre ich sehr häufig, dass sich der Blick auf Kinder geändert hat und dass die Fachkräfte anders handeln. Gemeinsame Marte Meo Reflexionen geben dem Handeln und der damit verbundenen Haltung gegenüber Kindern, Eltern, Kolleg:innen eine Richtung und implementieren diese Haltung. Gleichzeitig sollte diskutiert werden, wo genau sich Marte Meo konzeptionell wiederfindet, um die entsprechenden Ziele zu definieren, die allen Beteiligten Orientierung geben.

Die folgenden Marte Meo Angebote sind sowohl als Kombination als auch einzeln anwendbar:

1. Der Marte Meo Fachtag
2. Der Marte Meo Praktiker Kurs
3. Fallbesprechung
4. Beobachtung und Dokumentation
   a. Freispiel
   b. Angeleitete Situationen
5. Kollegiale Beratung
6. Anleitung neuer Kolleg:innen
7. Elterngespräche und Elterneinladungsprogramm
8. Die Marte Meo Sprechstunde/Supervision

7.1.1 Der Marte Meo Fachtag

- durchgeführt von einem Marte Meo Supervisor
- Vorteil: Möglichkeit für alle Kita-Mitarbeitenden, Marte Meo kennenzulernen

7.1.2 Der Marte Meo Praktiker Kurs

- Kursstärke: bis 12 Personen
- Empfehlung: 2 Mitarbeitende pro Kita
  Die Erfahrung hat gezeigt, dass so die Verbreitung und Nachhaltigkeit der Weiterbildung für das gesamte Team eher gewährleistet ist.
- jeweils 6 Kurstage in 6 Monaten

- Die Teilnehmenden lernen, Marte Meo unterstützende Kommunikationsfähigkeiten in ihre tägliche Arbeit einzubauen. Der Fokus liegt auf der praktischen Übung und Anwendung anhand von Videos, die die Teilnehmenden in ihrem Arbeitsfeld in alltäglichen Interaktionen aufgenommen haben (siehe auch Kapitel 4)
- Voraussetzung: Freistellung der Teilnehmenden an den Fortbildungstagen

Je nach Größe der Institution können mehrere Marte Meo Praktiker Kurse aufeinander folgen.

7.1.3 Fallbesprechung

Fragestellungen zu einzelnen Kindern und Beobachtungen bestimmter Verhaltensweisen von Kindern sind in der Praxis regelmäßiger Bestandteil von Teambesprechungen. Mit Marte Meo wollen wir, wie bereits erwähnt, herausfinden, was die Entwicklungsbotschaft hinter einem beobachteten Verhalten ist, um die für das Kind passende Entwicklungsunterstützung zu geben. Dazu ist die gemeinsame Analyse eines Filmclips im Team hilfreich sein. Anleiten können das die Kolleg:innen, die bereits eine Marte Meo Fachberater Ausbildung haben.

Vorgehen:

- Absprache, wer einen Filmclip von ca. fünf Minuten zur Verfügung stellt
- Zeitpunkt in der Teamsitzung für die Marte Meo Arbeit festlegen
- Marte Meo Entwicklungsdiagnose mit Marte Meo Checkliste einsetzen
- Auftrag zum weiteren pädagogischen Handeln, d. h. zur Entwicklungsunterstützung festlegen

7.1.4 Beobachtung und Dokumentation

Die Beobachtung und Dokumentation von kindlichen Entwicklungsverläufen ist fester Bestandteil pädagogischer Arbeit in Kindertageseinrichtungen, mit einer Vielzahl möglicher Verfahren. Unterschiedliche Wahrnehmungen und Erinnerungen der Fachkräfte machen es nicht immer leicht, das pädagogische Handeln auf die Entwicklungsbedürfnisse der Kinder abzustimmen. Durch Beobachtung und Dokumentation mit Marte Meo ist es möglich, das kindliche Verhalten mit Hilfe von Videos genauer und fokussierter in den Blick zu nehmen. Einzelne Sequenzen lassen sich beliebig oft wiederholen, um deren Bedeutung für die pädagogische Arbeit zu besprechen.

Hilfreich ist es, die inhaltlichen Aspekte von Marte Meo zum Ziel der Beobachtung zu machen:

(a) Wie beobachten wir das Kind in **freien Spielsituationen**?
(b) Wie beobachten wir das Kind in **angeleiteten Situationen**?

Aus den Ergebnissen der Videobeobachtung lassen sich in Kooperation mit den Eltern Entwicklungsziele dokumentieren, die das weitere pädagogische Handeln prägen.

a) Freispiel

Das freie Spiel bietet dem Kind vielfältige Möglichkeiten, sich auszuprobieren und seine Fähigkeiten weiterzuentwickeln. Gleichzeitig bietet das Freispiel auch den pädagogischen Fachkräften eine Vielzahl an Möglichkeiten zur Entwicklungsunterstützung, ohne dabei das Spiel zu lenken, sondern ausschließlich dem Kind zu ***folgen***. Dies kann in Situationen erfolgen wie dem Bauen, Malen, Kneten, Rollenspielen und vielem mehr. Als Supervisorinnen erleben wir häufig, wie zielgerichtet pädagogische Fachkräfte das Freispiel nutzen, um Kinder zu unterstützen, und dieses Vorgehen in den pädagogischen Alltag implementiert haben. Freies Spielen bedeutet nicht für alle Kinder automatisch, dass sie diese Zeit mit kreativen Ideen füllen können, manche kommen an Grenzen, die eine Begleitung durch die pädagogische Fachkraft erforderlich machen. Impulse setzen im Freispiel, eine Idee einbringen, mit der das Kind weiterkommen kann, darin unterstützen, eine Spielgeschichte aufzubauen, ein emotionales Feedback geben, all das hilft dem Kind, seine Spiel- und Kooperationsfähigkeiten zu entwickeln. Ist das nicht der Fall, werden sie häufig als unruhig, wenig fokussiert, manchmal aggressiv beschrieben. Dahinter kann sich die Botschaft verbergen: „Ich habe noch nicht entwickeln können, wie man eine Spielgeschichte baut oder wie man mit anderen Kindern zusammenspielt“.

Um hier die entsprechende Entwicklungsunterstützung zu geben, braucht es nicht unbedingt den 1:1-Kontakt mit einem Kind, denn Marte Meo lässt sich ebenso einsetzen, wenn mehrere Kinder in einer Spielsituation anwesend sind. Allerdings richtet sich dann der Aufmerksamkeitsfokus der Fachkraft für eine begrenzte Zeit von wenigen Minuten auf das Kind, dem sie spezielle Entwicklungsunterstützung geben möchte.

b) Strukturierte Situation

Neben vielen freien Spielmomenten des Kita-Alltags erleben Kinder eine Vielzahl sogenannter angeleiteter Situationen: Morgenkreis oder gemeinsame Begrüßung, angeleitete Kreativangebote, Aktivitäten für angehende Schulkinder, Mittagessen und vieles mehr. Für Kinder bedeuten diese Situationen, die Aufmerksamkeit verstärkt auf eine Person oder ein Thema zu richten, um sich in der jeweiligen Situation zurechtzufinden und mit den anderen Kindern zu kooperieren. Für die pädagogischen Fachkräfte bedeutet es, eine gute Balance zwischen ***Folgen*** und ***Leiten*** zu entwickeln und diese den Bedürfnissen der Kindergruppe anzupassen.

Den Aspekt des ***Positiven Leitens*** als Team gemeinsam zu betrachten und die einzelne pädagogische Fachkraft mit ihren Möglichkeiten zur Entwicklungsunterstützung der Kinder in angeleiteten Situationen in den Fokus zu rücken, schafft einen professionellen Austausch und dient der Qualitätssicherung der pädagogischen Arbeit.

7.1.5 Kollegiale Beratung

Schwerpunkt der bereits ausgebildeten Marte Meo Fachberater ist die Anleitung oder Begleitung von Kolleg:innen im Rahmen der kollegialen Beratung. Sie dient zum einen dem Aufzeigen von Entwicklungsunterstützungs-Möglichkeiten für ein Kind, aber insbesondere auch der Reflexion des pädagogischen Handelns der Fachkraft in der Interaktion. Der Fokus liegt darauf, die Wechselwirkungsprozesse der Interaktion zwischen pädagogischer Fachkraft und Kind aufzuzeigen und sichtbar zu machen, wie diese im Kita-Alltag zur Entwicklungsunterstützung genutzt werden können.

Das ***Hervorheben*** von Kompetenzen der Fachkraft, die in der Filmsequenz zu erkennen sind, führen zu deren Selbstwirksamkeitserfahrungen, die wiederum motivierend wirken, das Handlungsrepertoire zu erweitern. Der Blick auf bestimmte Verhaltensweisen eines Kindes ändert sich häufig, wenn die Zusammenhänge und Möglichkeiten zwischen dem eigenen Verhalten und dem des Kindes erkannt werden. Die Besprechung, also das Marte Meo Review des Filmes, erfolgt in wertschätzender, auf Ressourcen basierender Weise, die der Fachkraft die Möglichkeit gibt, zu erkennen, wie sie mit dem Kind entwicklungsunterstützend weiterarbeiten kann.

7.1.6 Anleitung neuer Kolleg:innen

In der langjährigen Marte Meo Begleitung von Teams konnten wir immer wieder feststellen, wie gewinnbringend es ist, dass neue Mitarbeitende von Beginn an Marte Meo kennenlernen. Es gibt ihnen einen guten Einblick, wie die Kita den Kontakt mit Kindern und Eltern pflegt, mit welcher Grundhaltung sie ihnen gegenübertritt und was Entwicklungsunterstützung konkret bedeutet. Hilfreich sind dabei die Vermittlung erster Informationen zu Marte Meo und auch das Angebot, diese dadurch zu ergänzen, dass sich die neuen Mitarbeitenden filmen lassen. Natürlich gibt es manchmal eine gewisse Skepsis, sich auf den Filmaufnahmen zu sehen. Aber schnell merken die neuen Kolleg:innen, wie sehr sie davon profitieren. Sie erhalten die Möglichkeit, so in das Team hineinzuwachsen und Sicherheit in ihrem Tun zu gewinnen.
Vorgehen:

- Vorstellung erster Informationen zu Marte Meo durch eine oder einem ausgebildeten Marte Meo Fachberater
- Präsentation einer ersten Filmaufnahme von der oder dem neuen Mitarbeitenden in einer freien Spielsituation mit einem Kind
- Durchführung eines Reviews unter dem Aspekt ***aufmerksam warten, folgen und benennen***
- ***Bestätigung*** der gelungenen Interaktionen

Dieses Vorgehen kann sich selbstverständlich weiter vertiefen, allerdings reicht es am Anfang häufig aus, um die ersten Eindrücke zu verarbeiten und auch ganz praktisch zu erfahren, wie Marte Meo in der Kita umgesetzt wird.

Beispiel

Marte Meo Supervisionsnachmittag/Marte Meo Sprechstunde

Heike Bösche

- Leitung: Externer Marte Meo Fachberater/Marte Meo (Licensed) Supervisor
- Zeit: ab 2 Stunden – je nach Bedarf regelmäßig, z. B. 4x pro Jahr
- Inhalt:
  - Marte Meo Fallsupervision mit Clips aus dem Kita-Alltag
  - Themenbezogene Marte Meo Information
- Marte Meo Input: „Was gibt es Neues?"
- auch nicht Marte Meo geschulte Interessierte (zum Beispiel neues Personal) sind jederzeit herzlich willkommen
- Vorteile:
  - finanzierbar
  - zeitlich planbar
  - der Marte Meo Blick auf den Arbeitsalltag
  - wenig aufwendig und organisatorisch machbar:
    - ➢ Einwilligung Eltern und Fachkraft
    - ➢ Clips aufnehmen
  - Rückmeldung der Mitarbeitenden positiv: selbst kritische Mitarbeitende gaben positive Rückmeldung
  - Möglichkeit, regelmäßig auch neue Fachkräfte mit Marte Meo vertraut zu machen

Rückmeldungen aus der Praxis

„Der andere Blick mit Marte Meo gefällt mir."

„Ich *sehe* die Botschaft hinter dem auffälligen Verhalten und fange nicht an zu interpretieren."

„Nach der Fallbesprechung weiß ich sofort, was das Kind braucht und was ich tun kann."

„Fallbesprechungen sind immer Problembesprechungen. Mit Marte Meo geht es weg vom Problem – hin zur Entwicklung."

Beispiel

Einführung der Marte Meo Methode in ein bestehendes System der Kindertagesbetreuung – ein Beispiel

Heike Bösche

Kita-Mitarbeitende werden angehalten pädagogische Fortbildungen im Rahmen der vorhandenen Möglichkeiten zu besuchen. Im Folgenden wird eine Möglichkeit beschrieben, die zeigt, wie die Marte Meo Methode nachhaltig in den Alltag der Kindertagesbetreuung etabliert werden konnte.

Die erste Begegnung

Lisa, Erzieherin und Sprachförderkraft einer Kita eines kirchlichen Trägers mit insgesamt 16 Kitas, besuchte eine 2-tägige Fortbildung mit dem Titel „Marte Meo – Sprachentwicklungsunterstützung im pädagogischen Alltag der Kindertagesbetreuung". Die Vielfältigkeit der Methode zur Entwicklungsunterstützung überzeugte sie. Auf Lisas Initiative erfolgte ein Marte Meo Teamtag für ihre Kolleg:innen mit den Themen:

- Vorstellung der Marte Meo Methode
- Sprachentwicklungsunterstützung
- Die Marte Meo Entwicklungsbotschaft hinter dem auffälligen Verhalten
- Clips aus der eigenen Kita: „Kinder mit besonderem Bedürfnis"
- Marte Meo Weiterbildungsmöglichkeiten

Anschließend meldeten sich einige Mitarbeitende dieser Kita zur ersten Marte Meo Praktiker Ausbildung an. Weitere Mitarbeitende zeigten ihr Interesse.

7.1.7 Elterngespräche und Elterneinladungsprogramm

Die Implementierung von Marte Meo bei der Kooperation mit den Eltern ist ein Schwerpunkt der Marte Meo Fachberater, die darin ausgebildet sind. In den in Kitas regelmäßig stattfindenden Entwicklungsgesprächen lässt sich Marte Meo sehr gut implementieren. Eltern sollen sich eingeladen fühlen, gemeinsam mit den pädagogischen Fachkräften die bisherige Entwicklung des Kindes in den Blick zu nehmen. Es zeigt den Eltern auf, wie und wo sie ihr Kind bereits gut unterstützt haben und woran sie das erkennen können. Diese Informationen, verknüpft mit ausgewählten Bildern des Films, sind häufig sehr emotionale Momente für die Eltern. In einem nächsten Schritt kann dann geschaut werden, ob das Kind noch weitere Marte Meo Unterstützung von der Kita braucht. Vielfach erleben wir dann, dass Eltern neugierig und interessiert daran sind, zu erfahren, was sie selbst dazu beitragen können. Somit lässt sich in Kooperation von Kita und Eltern die bestmögliche Unterstützung für das Kind entwickeln.

7.2 Weiterbildungsmöglichkeiten in der Kita

7.2.1 Marte Meo Praktiker Kita

Exkurs

Die 6-Tage-Weiterbildung zum Marte Meo Praktiker

Diese Weiterbildung wird von Marte Meo Fachberatern und Marte Meo Supervisoren durchgeführt.

Pädagogische Fachkräfte finden sich und ihre Arbeit häufig in dieser Weiterbildung wieder. Sie sind diejenigen, die meist den Großteil des Tages mit den Kindern verbringen. Die Übertragbarkeit der Weiterbildungsinhalten auf den eigenen Kita-Alltag ist vom ersten Weiterbildungstag an gegeben.

Die Teilnehmer:innen lernen, Marte Meo unterstützende Kommunikationsfähigkeiten in ihre tägliche Arbeit zu integrieren. Der Fokus liegt auf der praktischen Übung und Anwendung anhand von Videos, die die Teilnehmer:innen in ihrem Arbeitsfeld von alltäglichen Interaktionen aufgenommen haben. Die Marte Meo Information kann zur Entwicklungsunterstützung altersgerecht entwickelter Kinder ebenso eingesetzt werden wie für Kinder mit besonderen Bedürfnissen und auffälligem Verhalten. Am Ende jedes Kurstages wird mit den Teilnehmenden vereinbart, wer als nächstes Filme mitbringen kann, um zu prüfen, wie die jeweils neue Marte Meo Information der Marte Meo Elemente umgesetzt wurde.

Tag 1:
Präsentation der Marte Meo Basisinformationen anhand von Lehrfilmen:
Aufmerksam warten – der Initiative folgen – benennen

Tag 2:
Zuerst werden anhand der Clips der Teilnehmenden überprüft, wie die Marte Meo Information der Marte Meo Elemente des ersten Weiterbildungstages umgesetzt wurde.
Im weiteren Verlauf des Tages wird die Marte Meo Information zum Marte Meo Element ***Positiv Leiten*** vermittelt.

Tag 3:
Zuerst werden mit den Teilnehmenden die Videoclips daraufhin überprüft, wie die Marte Meo Information der Marte Meo Elemente des zweiten Weiterbildungstages umgesetzt wurde.
Anschließend werden die Marte Meo Entwicklungschecklisten mit vorhandenen Lehrclips vorgestellt – z. B. Marte Meo Learning Sets, die zum Arbeitsfeld passen, wie: Marte Meo Entwicklungscheckliste *Spielfähigkeit*, Marte Meo Entwicklungscheckliste *Kooperation*.

Tag 4:
Zuerst wird den Teilnehmenden anhand der Clips zusammenspielender Kinder das entwicklungsorientierte Arbeiten der Marte Meo Methode demonstriert.
Im weiteren Verlauf des Tages wird die Marte Meo Entwicklungscheckliste *sozial-emotionale Schulfähigkeiten* vorgestellt.

Tag 5:
Zuerst wird anhand der Clips der Teilnehmenden mit strukturierten Situationen die Marte Meo Checkliste *Schulfähigkeiten* benutzt, um zu prüfen, was die Kinder schon entwickelt haben, und zu erkennen, wo sie noch spezielle Entwicklungsunterstützung brauchen.
Im weiteren Verlauf des Tages haben die Teilnehmenden die Gelegenheit, Clips von Kindern, die ein auffälliges Verhalten im Kita-Alltag zeigen, dem Marte Meo Supervisor für die Ausbildungsgruppe zur Verfügung zu stellen. So lernen sie, die Marte Meo Entwicklungsbotschaft hinter dem auffälligen Verhalten zu lesen.

Tag 6:
Marte Meo Celebration: Präsentation von Praxisbeispielen der Teilnehmenden, die die Umsetzung verschiedener Marte Meo Elemente im Kita-Alltag zeigen.

Der Marte Meo Praktiker Kurs kann auch als Inhouse-Angebot durchgeführt werden. Die Voraussetzung zur Registrierung und Zertifizierung „Marte Meo International als Marte Meo Praktiker“ beinhaltet, dass die Teilnehmenden im Fortbildungsverlauf 2–3 Videoclips, auf welchen sie selbst in ihrem Arbeitsalltag in unterschiedlichen Interaktionsmomenten zu sehen sind, erstellen.

7.2.2 Marte Meo Fachberater Kita

Im Kita-Bereich werden Marte Meo Fachberater darin ausgebildet, Marte Meo Informationen aus dem eigenen Arbeitsbereich, also dem Kita-Alltag, an Kollegen und Kolleginnen, Eltern und Angehörige zu vermitteln. Hierzu gehört auch das Marte Meo Elterneinladungsprogramm und Marte Meo Elternabende.

Exkurs

Es ist effektiv, intern einige ausgewählte Fachkräfte zum Marte Meo Fachberater/Kollegentrainer auszubilden. Langfristig können diese in der eigenen Einrichtung Marte Meo Praktiker ausbilden. Ebenso sind sie befähigt, Marte Meo Beratung für Kollegen:innen und Marte Meo Praktiker:innen anzubieten. Auch die Durchführung des Marte Meo Elterneinladungsprogramm für alle Menschen rund um das Kind („Zirkel der Liebe"), die an der kindlichen Entwicklung beteiligt sind, gehört in den Zuständigkeitsbereich des Marte Meo Fachberaters/Kollegentrainers und kann somit innerhalb der Trägerschaft als Angebot implementiert werden.

7.2.3 Marte Meo Therapeut Kita

Diejenigen, die in der Kita in einem therapeutischen oder beratenden Arbeitsfeld mit einem explizit therapeutischen oder beratenden Auftrag tätig sind, können als Marte Meo Therapeut arbeiten (siehe auch Kapitel 6.3).

7.3 Zertifizierung zur Marte Meo Kita

Die Voraussetzung zur Zertifizierung „Marte Meo Kita“ beinhaltet:

- Die Mitarbeitenden der Kita sind zertifizierte Marte Meo-Praktiker.
- Eine pädagogische Fachkraft hat die Zertifizierung „Marte Meo Fachberater“. Der Marte Meo Fachberater hat die Aufgabe, die Marte Meo Information anhand von Videobildern aus dem Kita-Alltag zu vermitteln an:
    - Kolleg:innen in Teamsitzungen und Fallbesprechungen
    - Eltern mit Hilfe des Marte Meo Elterneinladungsprogramms und Marte Meo Elternveranstaltungen
- Zur regelmäßigen Supervision ist die Anbindung an einen externen oder internen Marte Meo Supervisor erforderlich.

Die Anerkennung als Marte Meo Kita kann über einen Licensed Marte Meo Supervisor oder direkt bei Maria Aarts, Marte Meo International, Eindhoven, aartsmaria@marte-meo.com angefragt werden. Es erfolgt eine Registrierung als Marte Meo Kita auf der internationalen Marte Meo Website www.martemeo.com – und dies wird mit einem Marte Meo Zertifikat bestätigt.

Hat man die Anerkennung und Zustimmung von Marte Meo International zur Marte Meo Kita erhalten, darf man in eigener Regie ein Marte Meo Schild mit Einrichtungsnamen/Logo, dem Marte Meo Logo und der Bezeichnung „Marte Meo Kita“ für die Einrichtung erstellen. Diese Zertifizierung wird im Rahmen einer Qualitätskontrolle durch einen Licensed Marte Meo Supervisor alle zwei Jahre überprüft.

Das Herz malt über den Rand

Neben aller Professionalität betrachten
wir die alltäglichen Interaktionen zwischen
den Kindern und den Fachkräften
auch „mit dem Herzen".
Diese Betrachtung macht das Kita-Leben
mit allen Facetten und Möglichkeiten aus
einer anderen, ebenso wichtigen Perspektive
sichtbar und emotional fühlbar.

Heike Bösche

8. Stimmen aus der Kita-Praxis

8.1 Fachleute berichten

Im Folgenden handelt es sich um Original-Kommentare einzelner Kita-Mitarbeitenden unterschiedlichster Berufsgruppen: Erzieher:innen, Pädagog:innen der frühen Kindheit, Sozialarbeiter:innen, Sozialpädagog:innen, Kinderpfleger:innen, Gesundheits- und Kinderkrankenpfleger:innen und Heilpädagog:innen, um nur Einige zu nennen, waren so freundlich, ihren Marte Meo Weiterbildungsgewinn in wenigen Sätzen zusammenzufassen.

Marte Meo beruhigt meinen Alltag!

Durch Marte Meo bin ich sensibler für den Kindergartenalltag geworden. Ich achte bewusster auf die Marte Meo Elemente (*Positiv Leiten, bestätigen* …).

Marte Meo ermöglicht mir, die Kinder durch einfache Elemente (*folgen, Positiv Leiten*, Blickkontakt …) im Alltag in ihrer Entwicklung zu unterstützen. Marte Meo ermöglicht einen positiven Blick auf den Kita-Alltag: „Das Kind hat noch nicht entwickelt" und lässt einem vieles bewusster werden.

Der Effekt des freundlichen Gesichtes: Ich werde gesehen, ich bin wichtig, ich bin „richtig".

Marte Meo hat mich in meiner täglichen Arbeit und in meinem Alltag bestärkt und bestätigt.

Genau wie die Kinder lerne ich jeden Tag etwas dazu!

Marte Meo – der positive Blick aufs Kind.

Marte Meo hat mir Entspannung gegeben.

Einen neuen Blickwinkel bekommen, vor allem für die kleinen Momente.

„Marte Meo geht durch den Magen" – Happ Happ!

Marte Meo ist überall und wir machen es „nonstop".

Eine wertvolle Bereicherung in beruflicher und privater Hinsicht! Vielen Dank dafür!

Geduldig *warten*, das Kind abholen, wo es ist und es bestärken.

Glückliche Kindergesichter sehen, tut der Seele gut.

Marte Meo zeigt mir die Arbeit aus einem anderen Blickwinkel. Kinder aus diesem Blickwinkel zu sehen, ist für mein Tun hilfreich und förderlich.

Nach jedem Marte Meo Tag kamen wir motiviert und positiv eingestellt in die Kita wieder mit dem Gefühl wie nach einem Urlaub: „So, jetzt geht's los!"

Aus eigener Kraft entwickelt. Marte Meo hat mich fachlich enorm weitergebracht.

Marte Meo ist für mich: Kinder bzw. Menschen zu unterstützen, ihre eigene Kraft zu entdecken und zu nutzen, und das alles mit einfachen Worten.

Marte Meo ist für mich ein „*Ja!*-Gefühl" verbunden mit viel Freude, Wertschätzung und Erfolg für alle Beteiligten.

Die Marte Meo Haltung öffnet Herzen und bringt mehr Freude und Frieden ins Leben.

Warten – folgen – benennen
„Auffälliges Verhalten heißt: Ich habe noch nicht entwickelt." So kann ich das Kind da abholen, wo es steht.

Durch Marte Meo kann ich nun mit gutem Gewissen *warten*.

Liebe Marte Meo Supervisoren, Liebhaber und Ausleber,
dieser Kurs hat mir sehr viel Bestätigung und auch Kraft gegeben! Wenn alle Menschen, inkl. unserer Politiker, sich zum Marte Meo Praktiker ausbilden ließen, wäre diese Welt ein wunderbarer und fröhlicher Ort!
Danke für alles!

Marte Meo ist eine wunderbare Methode, sich der Welt eines jeden Kindes anzuschließen. Und das habe ich „aus eigener Kraft“ geschafft. Diese neue Energie in mir ist nun darauf gerichtet, diese gute neue Erfahrung zu wiederholen und zu festigen.
Durch Marte Meo habe ich nicht nur für meinen Beruf dazugelernt, ich habe auch für mein Privatleben gelernt!

Marte Meo: die Methode der kleinen Schritte, der einfachen Sprache und des genauen Hinschauens. Vielen Dank, dass Sie sie mir nahegebracht haben.

Linking up und Beziehungsgestaltung sind durch die Fortbildung nochmals mehr in mein Bewusstsein gekommen. Danke!

„Verlangsamung“ und „kleine Schritte“, *das* ist der Weg zum Ziel.

Marte Meo heißt: Beziehung lustvoll gestalten, nicht verwalten.

Marte Meo ist sehr schön. Ich habe gelernt, nicht so viele Fragen zu stellen, den *Initiativen* der Kinder zu *folgen*, zu *warten* und zu *bestätigen*. Spaß und gute Laune. Danke für die schöne Fortbildung.
Durch Marte Meo habe ich gelernt, dass *Warten* viele Wunder bei den Kindern schafft.

Marte Meo ist eine tolle Methode, die man in seinen Arbeitsalltag integrieren kann! Durch die Kraft der Bilder bekommt man einen guten Einblick und eine tolle Wertschätzung für die eigene Arbeit. Besonders schön finde ich, dass man das Kind dort abholt, wo es gerade steht/ist.

Das Kind da abholen, wo es steht, und ihm in seiner Selbstständigkeit Vertrauen geben und es wachsen zu sehen, macht große Freude! – Burnout-Prophylaxe *pur!* Danke für die tollen Marte Meo Momente.

Marte Meo macht „Freude“. Erleichtert den Alltag in der Kita. Man wird sensibler und schaut hinter die Fassade von Menschen. Marte Meo ist durchweg „positiv“.

10 von 13 Kolleginnen haben inzwischen mindestens den Marte Meo Praktiker-Abschluss und diese Methode wird immer selbstverständlicher im Alltag integriert.

Marte Meo: Jeder Moment ist 100 Prozent!

Ich erkenne die „Bedeutsamkeit des Augenblicks".

Ich brauche nur eine kleine Priese eines „Marte Meo Gewürzes", wie *benennen, folgen oder sozial aufmerksam machen*, um sehr schnell Erfolgserlebnisse bei den Kindern zu erzielen. Eine Herausforderung während der Weiterbildung war, in den Videoclips und auch in den Gesprächen immer etwas Positives zu suchen und herauszustellen. Meine Arbeit mit den Kindern orientiert sich oft an den Defiziten, und diese Herangehensweise wird in Marte Meo genau andersherum praktiziert. Ich sehe, wo das Kind im Moment steht, und suche entwicklungsunterstützende Maßnahmen. So zum Beispiel muss ich mit den Eltern auch keine defizitorientierten Gespräche über ihre Kinder führen. Jeden Menschen so anzunehmen, wie er ist, und ihn mit Hilfe von Marte Meo „zu würzen und wachsen" zu lassen, ist die Stärke dieser Methode.

Marte Meo ist eine Methode, die darin schult, auch die kleinste Geste und Mimik und die leisesten Töne wahrzunehmen. So wird kein Mensch in dem, was und wie er sich äußert, übergangen. Es gelingt, an den anderen anzuknüpfen, mit ihm zu gehen und ihn weiterzubringen, ganz gleich welche Lebens- oder Arbeitssituation besteht.

Ich kenne keine Methode, die das Anliegen des Jesus von Nazareth, sich dem Menschen zuzuwenden, so konkret, wirkungsvoll und nachhaltig umsetzt. Ich glaube, dass man durch das Anwenden von Marte Meo etwas von der authentischen und empathischen und somit intensiven Nähe spüren kann, die er hergestellt haben muss, wenn er sich jemandem zuwandte.

Im Rahmen der Arbeit mit Kindern in Kindertagesstätten müssen die Erzieherinnen und Erzieher seit einiger Zeit Bildungsdokumentationen für jedes Kind erstellen. Marte Meo eignet sich hervorragend, um Entwicklungen bei Kindern zu dokumentieren, und ist eine große Hilfe bei der Erstellung von Schriftsätzen.

Wenn ich überlege, was ich alles verpasst hätte, wenn ich nicht *gewartet* hätte ...

Marte Meo hat mir Entspannung gegeben.

8.2 Eltern berichten

Einige Mütter berichten von ihren Erfahrungen mit dem Marte Meo Elterneinladungsprogramm in ihrer Kita:

> **Ich denke ganz viel an die Marte Meo Information im Alltag, das *Warten* und *Benennen*. Ich bin so dankbar, dass ich diese Information durch euch bekommen habe. Es ist so hilfreich, so eine interessante Information. Im Alltag erinnere ich mich, was ich im Review gesehen habe. Die Ergebnisse bemerke ich bei ihm.**
>
> Ich erfahre, was die Marte Meo Information, die ich von euch bekomme habe, bewirkt. Ich war immer so schnell. Ich habe immer viel für ihn übernommen, aber nun denke ich daran, mich zurückzuhalten. Das ist nicht immer einfach, das zu verändern. Aber ich sehe, was das für ihn bringt. Ich muss auch immer an die Idee von der „Kaffeetasse" denken: Wenn ich etwas in meinen Händen habe, greife ich nicht so schnell ein. Ich habe einmal versucht, den Arm zu heben, aber dann habe ich mich erinnert, dass ich es ihn selbst machen lassen muss. Ich habe das Gefühl, dass die Kommunikation so viel besser mit ihm geht. Er verwehrt sich dann auch nicht, weil ich ihm mehr zutraue.
>
> Durch Marte Meo und die Videoaufnahmen sieht man sein Kind nochmal von einer anderen Seite.
>
> Es ist noch immer ein kleiner Konflikt in mir, aber weil ich sehe, dass es nichts bringt, wenn ich alles für ihn mache, gelingt es mir mehr und mehr, es ihn selber machen zu lassen. Ich sehe das auch im Alltag und auf den Videos, dass er so stolz ist, wenn er es schafft, es selbst zu machen!

8.3 Fachhochschulen berichten

Jetzt, nach dieser ersten Woche Praktikum, möchte ich Ihnen erstmal ganz herzlich danken, dass Sie mit Marte Meo ein Konzept in Ihren Einrichtungen eingeführt haben, dass nicht nur die Arbeit mit den Kindern besser macht, sondern auch den Umgang der Kollegen miteinander.

Es ist ein Konzept, was offensichtlich auch bis ins Privatleben hinein positiv wirkt. Da ist so viel Wertschätzung. Das ist schön zu erleben.

Es ist, als hätten Sie mit Marte Meo „Samen" für wahrnehmende offene Augen und des liebevollen Umgangs aller miteinander gesät, die jetzt gedeihen, was allen Seiten gut tut.

So sind es nicht nur Kitas, sondern auch „Inseln der Hoffnung", dass sich der wohlwollende, aufmerksame und wertschätzende Umgang miteinander ausbreiten kann. Das ist in Zeiten wie diesen besonders wichtig zu erleben.

Und dass ich das sagen kann, die ja – was Marte Meo betrifft – nur eine Außenstehende ist, lässt mich hoffen, dass viele Menschen das sehen und erleben können.
Vielen, vielen Dank.

(Rückmeldung an die Institutsleitung einer Mitarbeiterin)

Mit Marte Meo ist es Maria Aarts gelungen, ihr Fachwissen und ihre besondere Intuition und Menschenkenntnis in Handlungsleitungen für Fachkräfte in sämtlichen Feldern der sozialen Arbeit zu übersetzen. Für die Arbeit im Kindergarten eignet sich Marte Meo so wunderbar, weil es sozialpädagogischen Fachkräften hilft, sprechend ins Sehen zu kommen und sehend ins Sprechen. Die Sprache, die sie dafür finden müssen, ist ihre eigene. Die Wörter, die sie dabei entdecken, schenken sie den Kindern und sich selbst. Deshalb ist Arbeit mit Marte Meo auch Sprachförderung.

Insbesondere in Großstädten arbeiten sozialpädagogische Fachkräfte häufig mit Kindern aus unterschiedlichen Sprachfamilien. Mehrsprachig aufwachsende Kinder brauchen ganz besonders Erwachsene, die sprach- und diskriminierungssensibel agieren. Weil es mit Marte Meo gelingt, in einfachen Worten zu sagen, was ist, und außerdem über Körpersprache (schöne Gesichter) und Sprachmelodie (schöne Töne) Kontakt mit den Kindern hergestellt wird, ist Marte Meo eine geeignete Methode einer Pädagogik der Vielfalt. Sozialpädagogische Fachkräfte mit nichtdeutscher Erstsprache finden in Marte Meo gleichfalls eine gute Möglichkeit, mit Kindern entwicklungsförderliche Beziehungen aufzubauen.

Denn Marte Meo ist zunächst eine Aufforderung, ruhig *abwartend*, dabei innerlich beteiligt und mit geduldiger Aufmerksamkeit für das Tun von Kindern zu sein. Nicht zu fragen: Was machst du da? Stattdessen sich selbst fragen: Was zeigt mir das Kind? Was kann es schon? Welches Bedürfnis wird erkennbar? Um dann aus der Tiefe solcher Anschauung die Signale des Kindes zu benennen und dem Kind verstehen zu geben: ich sehe dich! Dadurch wird aus Beobachtung wertschätzende Beachtung. Und diese Sprache verstehen alle Menschen.

Professionelle Distanz beruht dann nicht (nur) auf rationalisierender Reflektion, sondern auf Respekt vor der Autonomie des Kindes und dem Interesse für seine Entwicklungsbotschaften. In dieser *Stimmung für Entwicklung* können sich die Interaktionspartner aufeinander einlassen und Möglichkeiten entdecken.

Kindern Einfühlsamkeit für ihre Signale zu zeigen, heißt, sich für sie zugänglich zu machen, ein emotional verfügbarer Erwachsener zu sein, und das schafft Vertrauen. Die Sensibilisierung für die Initiativen der Kinder und die Erhöhung der Aufmerksamkeit für die Entwicklungsbotschaft hinter dem gezeigten Verhalten ermöglicht eine Beziehungsgestaltung aus einem dann tieferen Verstehen.

Das eigene Handeln an den Marte Meo Elementen auszurichten, ermöglicht eine Professionalisierung ohne viel theoretisierende Wissenschaftlichkeit. Als Puzzleteil ohne Rand fügt sich die an den individuellen Stärken von Menschen ausgerichtete Arbeit nach Marte Meo harmonisch in die alltägliche Arbeit sozialpädagogischer Fachkräfte und ergänzt andere Methoden ressourcenorientierter Entwicklungsunterstützung.

Die Ausbildungsinhalte der Fachschulen für Sozialpädagogik in Deutschland setzen das Thema „Beobachtung und Dokumentieren" für die Entwicklung pädagogischer Handlungskompetenz zentral. Marte Meo ist als Beobachtungsverfahren so besonders, weil es die Aufmerksamkeit auf die Interaktion von Fachkräften mit Kindern legt. So erkennen Fachkräfte in der nachträglichen Betrachtung nicht nur die Entwicklungspotentiale der Kinder, sondern erfahren auch Wertschätzung für ihre eigene Fähigkeit, Interaktionen zu gestalten, und erkennen Möglichkeiten, diese Fähigkeiten zu erweitern. Wer so arbeitet, hat es auch leichter in Gesprächen mit Eltern.

Das Verständnis für die Entwicklungsbotschaften von Kindern hinter dem gezeigten Verhalten zeigt Eltern Wertschätzung für ihre Kinder und lädt sie ein, sich mit auf die Suche zu begeben nach den Möglichkeiten bestmöglicher Entwicklungsunterstützung.

(Dozentin an einer Fachschule für Sozialpädagogik und Gesundheitsberufe)

Schlusswort

MARIA AARTS

Es ist so beeindruckend für mich zu erleben, wie Fachleute auf der ganzen Welt, die mit Kindern zwischen 0 und 6 Jahren und deren Familien arbeiten, die Marte Meo Information in ihre tägliche pädagogische Arbeit einfließen lassen. Fachkräfte aus unterschiedlichen Ländern, mit eigenen Kulturen, individuellen Persönlichkeiten, Werten und Ausbildungen zeigen mir auf sehr kreative Art und Weise, wie vielfältig sie meine Marte Meo Basisinformationen in ihre alltäglichen Interaktionen übertragen. Ich bin dankbar, anhand der Videobilder mitzuerleben und zu erfahren, welchen Unterschied das für die Kinder, deren Familien, aber auch für die Teams und deren Institutionen im alltäglichen Zusammensein macht.

Dies gibt mir immer wieder neue Impulse zur Weiterentwicklung meiner Marte Meo Methode. Es ist mir schon immer ein Anliegen, Menschen zu ermutigen, ihren eigenen Stil, ihre ganz persönliche Art zu entwickeln. Darum heißt meine Methode auch „Marte Meo" – **aus eigener Kraft**.

Viele Beispiele und Informationen rund um Marte Meo finden Sie auch unter www.martemeo.com.

Notizen

Notizen

Notizen

Notizen